背伸びしないから続けられる

おぺこさんの毎日わくわく弁当

おぺこ

エムディエヌコーポレーション

おぺこです
こんにちは
訪問入浴介護の
仕事をしています
お昼は基本的に
車の中で食べるので
毎日お弁当を作って
持参しています
（体力を使う仕事なので
ボリューム重視の
お弁当です）
どれにしよう…
以前はコンビニで
買うことも多かったのですが
飽きるし
余計なものまで
買ってしまい
1000円です
高っ
高くつくので

お弁当を作ることにしました。
SNSですてきなお弁当
写真を見てはあこがれて
いろいろなおかずを
入れたり、かわいく
詰めたり
ヴェゼェ…
無理やぁぁぁぁぁ!
ポイッ
またコンビニ頼りの
日々に…。
コンビニ
でもある日
ほい
ほいっ
「別に無理しなくても
食べられれば何でも
ええやん!」と
割り切り
うまっ
ごはんにウィンナー
卵焼きだけの
お弁当を作ったら
それがおいしくて
いってきます
背伸びしない私の
お弁当作りが始まりました!

はじめに

はじめまして。

いつもおなかぺこぺこのおぺこです。そんな食いしんぼうで、どこにだっているようなフツーの女が毎日作っているお弁当が、まさかこうやって本になるなんて……最初はずっと嘘やと思ってました（笑）。だって、私のお弁当は別に手の込んだおかずも入ってないし、品数も少ない。市販品だって平気で使うし、似たり寄ったりなお弁当ばっかやし。

お弁当を作る最終目的は、おいしく食べること。だから、品数が少なくても大好物がたくさん入っていたらテンションが上がるし、コンビニ弁当を買って食べるよりも、たとえ毎日同じおかずだとしても作ったほうが安くつくし、何よりも飽きない。毎日のことだからこそ、無理せず作ることが何よりも大事だし、自分に合ったお弁当作りをしてほしい。そんな思いでこの本を作らせていただくことになりました。

私自身、料理は好きですが得意というわけではありません。だからいつもレシピを探すときは、身近な調味料、少ない食材で、かつ「これなら私でも作れそう」と思えるようなものを選んでしまいます。みなさんにもそういう気持ちで気軽に作ってもらいたいなと思い、レシピもいろいろ考えてみました。自分でも面倒くさいなと思うものは載せていません（笑）。

しつこいようですが、お弁当を作る最終目的は、おいしく食べること。卵焼きが焦げていてもいい。今日はウインナー明日もウインナーでも

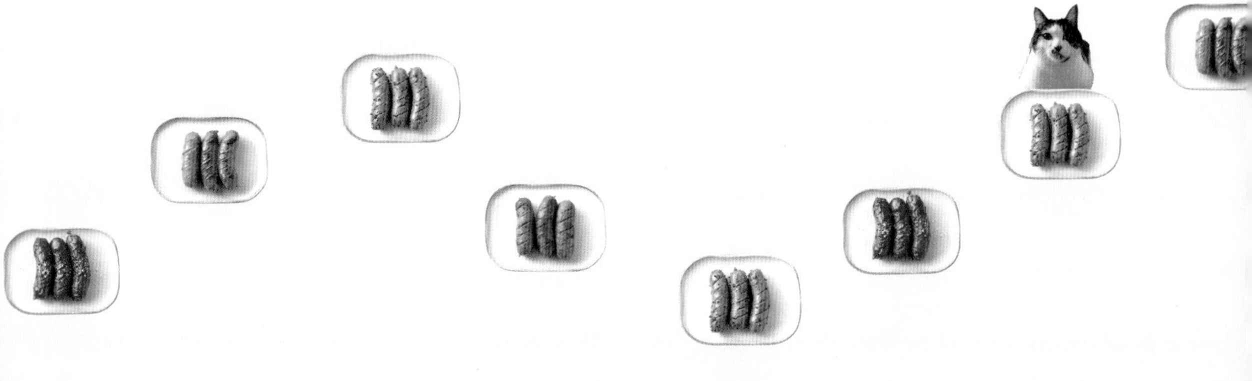

いい。お弁当のフタを開けたときに寄り弁していてもいい。食べるときに自分がわくわくするような、そんなお弁当をこれからも作っていきたいなと思っています。

この本には難しいことは一切書かれていません。

というより、私には難しいことは書けません（笑）。

お茶でも飲みながらこの本を読んで、「お弁当って、こんなんでええんや」と肩の力が抜けるような、気楽な気持ちになってもらえたらなと思います。

そして、本の中にちょくちょく出てくる愛猫の写真にどうぞ癒されちゃってください♡（笑）。

〜毎日作るものだから 背伸びしないお手軽弁当〜

これをモットーに、明日もお弁当箱を好物でギューギューにしようっと。

おぺこ

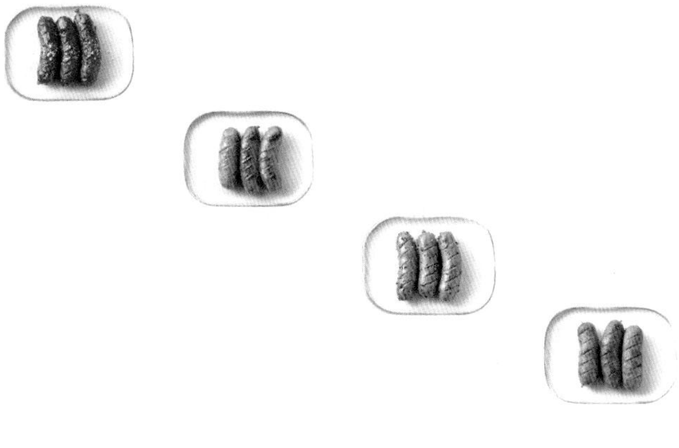

もくじ

part5

おぺコラム

本書の決まりごと

- 小さじ1は5㎖、大さじ1は15㎖、1カップは200㎖です。
- しょうがやにんにくの「1かけ」は、親指の先くらいの大きさを目安にしています。
- 作る分量は、それぞれのレシピに記載してあります。
- 電子レンジの加熱時間は、600Wの電子レンジを使用したときの加熱時間を示しています。500Wの場合は1.2倍を、700Wの場合は0.8倍を目安に加減してください。なお、機種によって多少異なる場合があります。
- 野菜を洗う、野菜の皮やヘタ、種を取り除く、きのこの石づきや軸を除くなど、基本的な下処理の工程を省いている場合があります。
- 食材費の合計にお米と調味料の費用は含みません。レシピの分量が1人分ではない場合でも、食材費は1食分で計算しています。また、食材費は購入先や季節によっても異なります。あくまでも目安としてご利用ください。
- 砂糖はきび砂糖、めんつゆは4倍濃縮のもの、しょうゆは濃口しょうゆ、みりんは本みりん、酒は純米料理酒を使用しています。
- 調理前に必ずお弁当箱や手指等を除菌用アルコールスプレーで消毒しましょう。
- 冷凍保存のおかずをお弁当に入れる際は、一度中までしっかり加熱してから冷まし、詰めるようにしましょう。
- お弁当に汁けの多いおかずは避けましょう。
- 夏場は、保冷剤や保冷バッグなどを利用してしっかり保冷しましょう。

part1

わくわくの秘訣

わくわくの基本5カ条

毎日作るものだから、おかずは手軽にシンプルに。
けれど、フタを開けるとテンションが上がるのは、
わくわくするしかけをぎゅっと詰めこんでいるから！

その1

メインおかずはドーン！とのせる

わくわく弁当の秘訣は、「メインのおかず＝好物」を大胆にのせること。お弁当箱のフタを開けたときに、好きなものがドーンと目に入ってきたら、何はなくともテンションアップ！

その2

ごはんはたっぷり詰める

体力を使う仕事だから、お米をたっぷり食べないと体がもたないということもありますが、単純にお米が好き！　いつもおなかぺこぺこな私の作るお弁当は容量が多めでお米もたくさん入っていて食べごたえ十分。食べざかり男子も満足することでしょう（たぶん）！

その3

「基本の5色」を意識

赤　黄　緑　黒　茶　白

をできるだけ取り入れるようにしています。おいしそうに見えるだけでなく、栄養バランスも自然と整います。

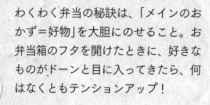

その4

おかずは「メイン＋卵＋副菜」の３品が基本

４年ほど前から始めたお弁当生活。最初のころはおかずを４～５品詰めていましたが、作るのが大変なのはもちろん、詰めるのにも時間がかかってしまう。だからおかずは、メイン＋卵＋副菜の３品に決めました。その結果、献立を考えるのも、詰め方を考えるのも、悩むことがなくなってラクになりました。

その5

仕切りは大葉で

安くて日持ちするため、ごはんとおかずの仕切りには大葉を使用。いろどりもぐんとよくなります。大葉はきれいに洗い、水を入れたコップに立てて、冷蔵保存しています。

おかず
約154円

お弁当箱の形別・詰め方のコツ

楕円や正円のお弁当箱は見映えがしてかわいいけれど、詰めやすさで言ったらダントツで長方形！　初心者さんにもオススメだし、個人的にいちばん好きな形です。

レベル1 長方形

丸形や楕円形のお弁当箱は、最初は詰め方が全然わからなくて苦労したけど、シンプルな長方形のお弁当箱は詰め方もじつにシンプル。忙しい朝でも、深く考えることなく簡単に詰められますよ♪

1 ごはんを左半分に詰める

ごはんを左側半分にぎゅぎゅっと詰める。

2 大葉で仕切る

ごはんの側面に縦半分に切った大葉を並べて覆う。

3 メインおかずを詰める

右上⅔ぐらいのスペースにメインのおかずを並べる。

4 卵焼きを詰める

あいたスペースの約半分が卵焼きのスペース。

5 副菜を詰める

余ったスペースを副菜で埋める。好みで、ごはんにごまをふり、梅干しを添えてでき上がり。

レベル2 楕円形

やや細めの小判形。杉の曲げわっぱは、香りがよくてごはんがべちゃっとしない、何よりお弁当がおいしく見えるのが魅力です。ただし、カーブがあるので詰めるのにちょっとしたコツが必要です。

おかず 約114円

細長いおかずにも◎

焼き魚や魚のフライなど、細長いおかずを詰めるのにも適しています。

メインと副菜の間に卵焼きを挟むと詰めやすい

卵焼きが仕切りになって、崩れやすいメインおかずや副菜も詰めやすくなります。

おかず 約130円

レベル3
丸形

おかず
約115
円

おかず
約116
円

まん丸の曲げわっぱ、かわいいですよね。ただし、ごはんとおかずを分けて詰めるのは、意外と難しいです。そぼろ弁当をはじめとした「のっけ弁」なら、簡単、かつ華やかなお弁当に仕上がります。

スパイラル状に縁取るように並べる

ごはんの上に、薄く切った卵焼きやチャーシューなどのおかずをぐるりとスパイラル状に並べるときれい。にんにくが控えめのものなら、ギョーザもいけますよ！

おかず
約155
円

おかず
約91
円

定番のそぼろ丼のアレンジ

まん丸のお弁当箱にぴったりなのが、そぼろ丼。定番の二色丼もいいですが、こんなアレンジも◎。

おかず
約127
円

おかず
約116
円

かくれんぼ弁当を作ってみよう

ボリューム感も重視している
私の得意技が、かくれんぼ弁当。
「別に無理して全部のおかずを
見せんでもええやん！」と
思ったことがきっかけで
作り始めましたが、
結果的にこれが「わくわく」の源に。
深さがあって、
ふだんは使いづらいお弁当箱が、
かくれんぼ弁当にはぴったりです。

深さ4.5㎝なので、かくれんぼ弁当にぴったり。四角いのでウインナーソーセージをズラリと並べやすい！

1 ごはんを左半分に詰める

深さのあるお弁当箱を用意して、ごはんを左側半分にぎゅぎゅっと詰める。

2 大葉で仕切る

ごはんの側面に縦半分に切った大葉を並べて覆う。

3 卵焼きを並べる

右上のスペースに卵焼きを詰める。卵焼きの厚みは、お弁当箱の高さの半分ぐらいがベスト。

4 副菜を詰める

右下のあいているスペースに副菜を詰める。卵焼きと同じぐらいの高さになるようにする。

このくらいの
高さになる！

5 メインのおかずをのせる

卵＋副菜の上にメインのおかずを並べる。メインのおかずは、形のしっかりした、汁けのないものが向いています。好みで、ごはんにごまをふり、梅干しを添えてでき上がり。

おかず
約141
円

かくれんぼ弁当
バリエーション

唐揚げ編

小さくても深さのあるお弁当箱なら、こうやって２段で詰められます♪
おかずをかくしてしまえば、盛りつけの手間も省けるし気がラク。
オシャレに盛りつけたところで、どうせかくれてしまうので！

唐揚げの下には、卵焼きとスナップえんどうの炒め物がかくれています。

唐揚げ
ぎっしり！

おかず
約133円

かくれんぼ弁当
バリエーション

ハンバーグ編

市販の「マルシンハンバーグ」も立派なおかずです♪
このハンバーグはしっかりとしたかたさなので、おかずを重ねても崩れる心配なし！
詰めるのも簡単です。

ハンバーグの下には、卵焼きとピーマンの炒め物がかくれています。

おかず
約131円

ハンバーグ
ドーン！

かくれんぼ弁当バリエーション

トンカツ編

トンカツが大きすぎて、縦にしても横にしても卵焼きと副菜が入らない…。
そんなときは、かくれんぼ弁当で解消！
副菜はゴーヤーのみそおかかです。

「どうやって食べるの？」という心配はご無用です。
トンカツをアルミホイルごと持って、
お弁当箱のフタにのせましょう。
フタがお皿がわりになりますよ。

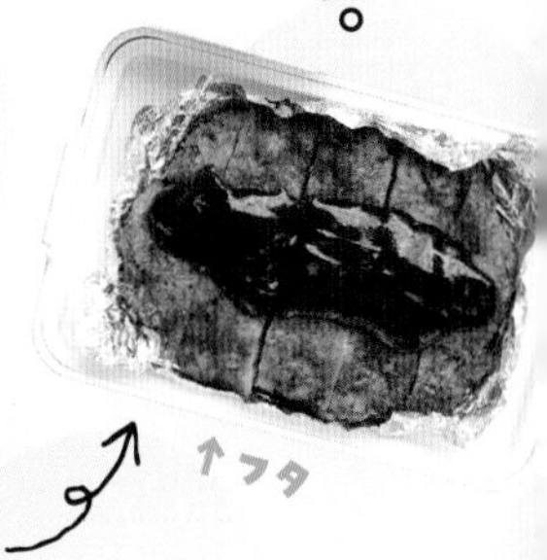

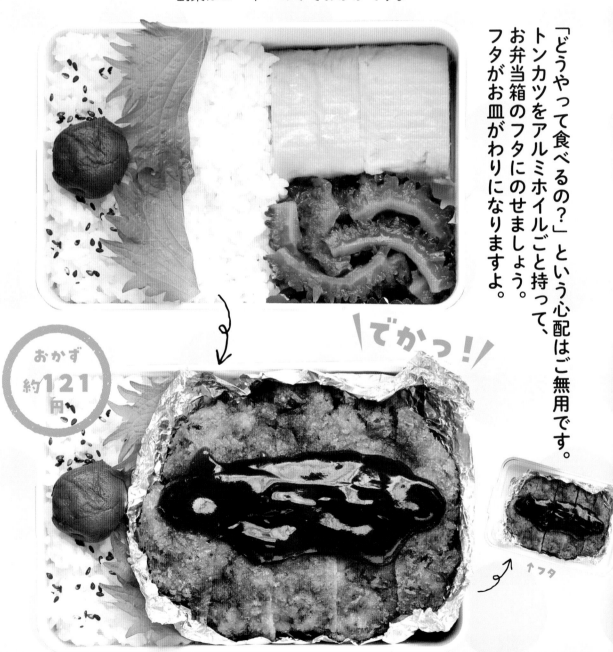

かくれんぼ弁当
バリエーション

しょうが焼き編

豚のしょうが焼きの下に、
豆苗と卵の塩炒めとごはんがかくれています。
茶色いお弁当って、おいしいですよね。

ごはんの上に、シンプルに塩だけで炒めた豆苗と卵を敷き、
しょうが焼きのタレをからめながらいただきます！

おかず
約180円

斬新!?

もっと自由に「のっけ弁」いろいろ

お弁当はこう詰めるという常識を吹き飛ばす、自由なレイアウトの「のっけ弁」。
ごはんとおかずの仕切りがないので、ラクに詰められるのも魅力です。

おかず 約69円

桜の開花宣言に合わせて!?

家にある食材をごちゃまぜにした、ゴチャーハン弁当！　上にのせたウインナーは、桜をイメージしてみました。でも、食べるころには寄り弁していて、みごとに花びらが散っていました……。

おかず 約189円

三色丼バリエ

おかず 約132円

どちらのお弁当も、ウインナーと卵、オクラを使ったのっけ弁ですが、切り方や調理法を変えればまったく違った仕上がりに。オクラは断面を見せるとお花みたいでかわいい。

タコさんウインナー弁当

おかず 約128円

ネットで検索したら、「タコさんの足は８本ではなく６本に切り、お湯を沸かして火を止め、ウインナーを入れて放置する……」とあったので、やってみたらきれいに仕上がりました！　しかしそれにしても詰めにくい!!　結局タコさんを上下交互に並べることで落ち着きました。

塩さば弁当と思いきや！

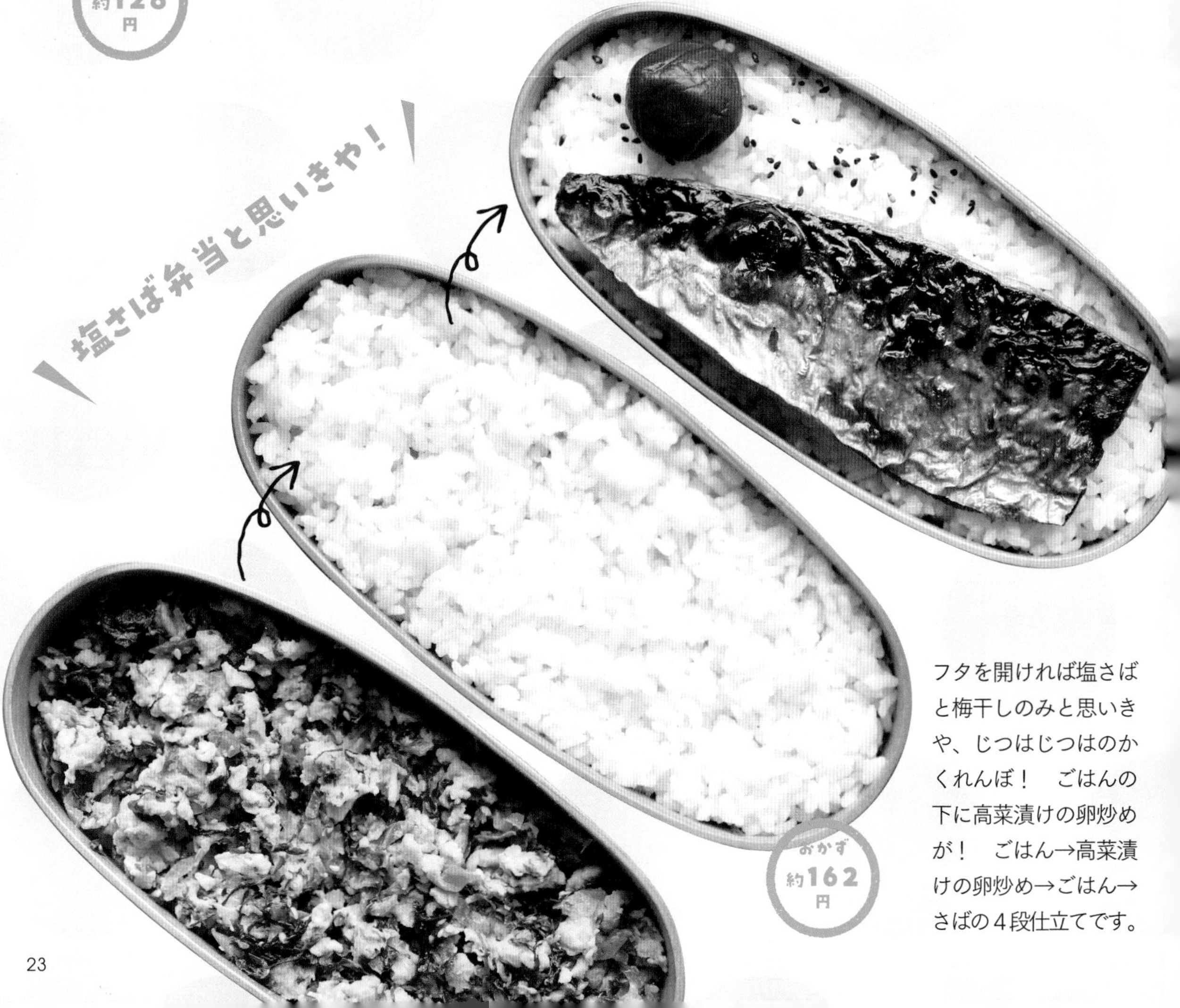

おかず 約162円

フタを開ければ塩さばと梅干しのみと思いきや、じつはじつはのかくれんぼ！　ごはんの下に高菜漬けの卵炒めが！　ごはん→高菜漬けの卵炒め→ごはん→さばの４段仕立てです。

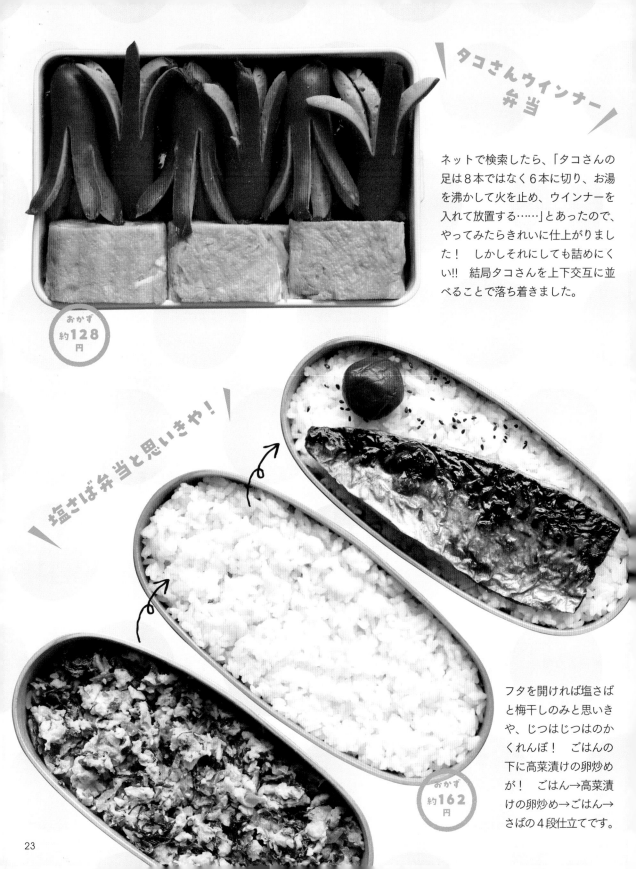

おぺこさんのお弁当箱

インスタグラムでも質問の多いお弁当箱の種類。いろいろ持っていますが、100円ショップで買ったものが多く、かわいかったり使いやすそうだったりするものは、保存容器でもお弁当箱として使っています。
曲げわっぱのお弁当箱は少し値が張るけど、ごはんがべちゃっとならないし、見た目もよくて気に入っています。
みなさんもぜひ、お気に入りのお弁当箱ですてきなお弁当ライフを！

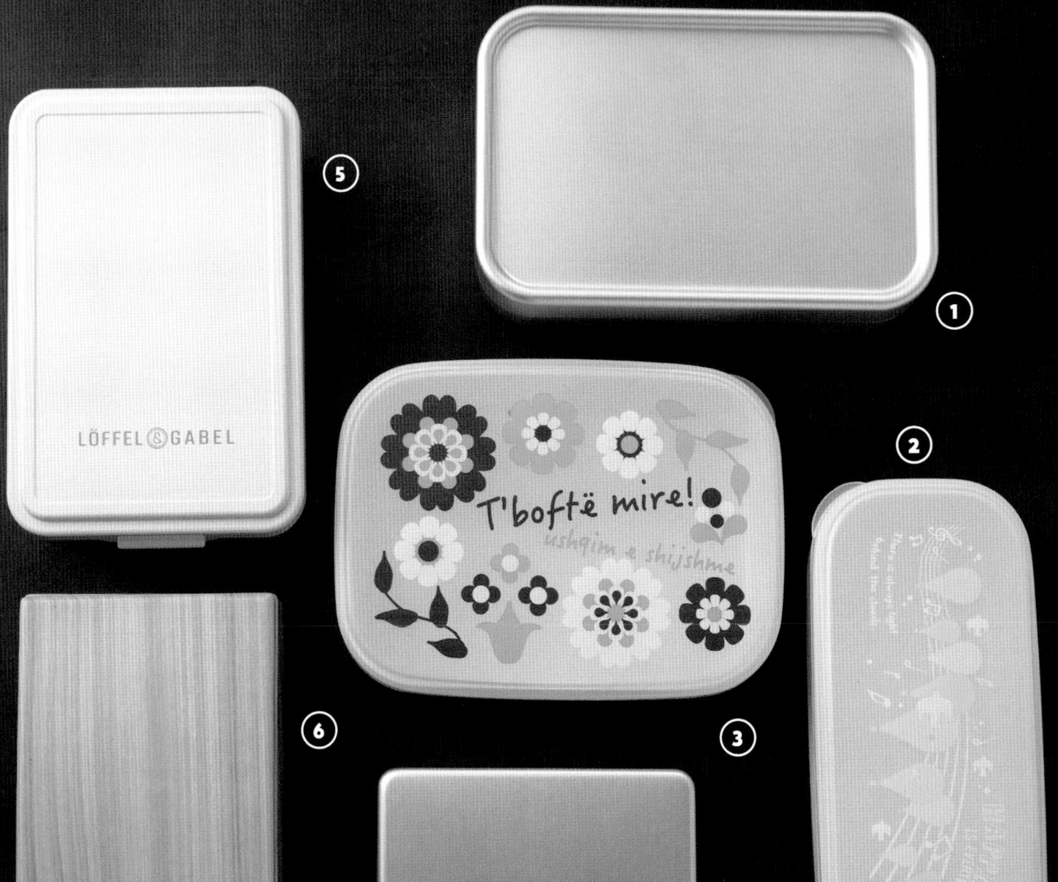

長方形

①＜ホシマル印／620mℓ＞東急ハンズで購入。レトロ感漂うアルミ弁当。見た目以上に、かなりたっぷり入る。②＜100均／550mℓ＞細長いタイプで、ウインナーなど陳列系のおかずを詰めやすい。③＜100均650mℓ＞数々のお弁当箱の中で、いちばんつき合いの長いお弁当箱。形、大きさがちょうどよく使いやすい。最初に買うお弁当箱としてオススメのタイプ。④＜ホシマル印／450mℓ＞東急ハンズで購入。角がしっかりしているのでとにかく詰めやすい。ただ、けっこう浅型なので、私のようにごはんをたっぷり詰めると……フタが浮きます（笑）。⑤＜サブヒロモリ／600mℓ＞LOFTで購入。フタがしっかり閉まるので汁もれの心配なし。深さがあるので、かくれんぼおかず弁当に最適。⑥＜ハンドメイドアプリ（クリーマ）／550mℓ＞天然ひのきのお弁当箱。どんなおかずを詰めても、駅弁風になるのがお気に入り（笑）。

正方形・楕円形・丸形

①＜bento&co／600mℓ＞お弁当箱専門店で最初に購入したお気に入りのわっぱ弁当。持ったときの軽さに衝撃を受けました(笑)。値段はしましたが、ある意味一生もののお弁当箱。②＜雑貨店／700mℓ＞色あいがお気に入りのわっぱ弁当。男性でも満足できるくらいの量が詰められます！③＜無印良品／450mℓ＞内ブタつきでしっかり汁もれを防いでくれる。小ぶりだけど深さがある分、たっぷり詰められます。かくれんぼおかず弁当にもオススメ。④＜かりん本舗／650mℓ＞友人からのプレゼント。最初は詰め方がわからず苦労したけど、慣れるといろいろな詰め方ができる、いちばんマルチなお弁当箱。⑤＜100均／300mℓ×2＞お弁当箱としてではなく、密封保存容器として売られていたもの。野菜炒めなど一品おかずをドーンと詰めるときにオススメ。⑥＜100均／600mℓ＞ありそうでなかった角のしっかりした正方形のお弁当箱･･･ではなく保存容器。のっけ弁にオススメ。100均はお弁当箱コーナー以外の場所もチェック！

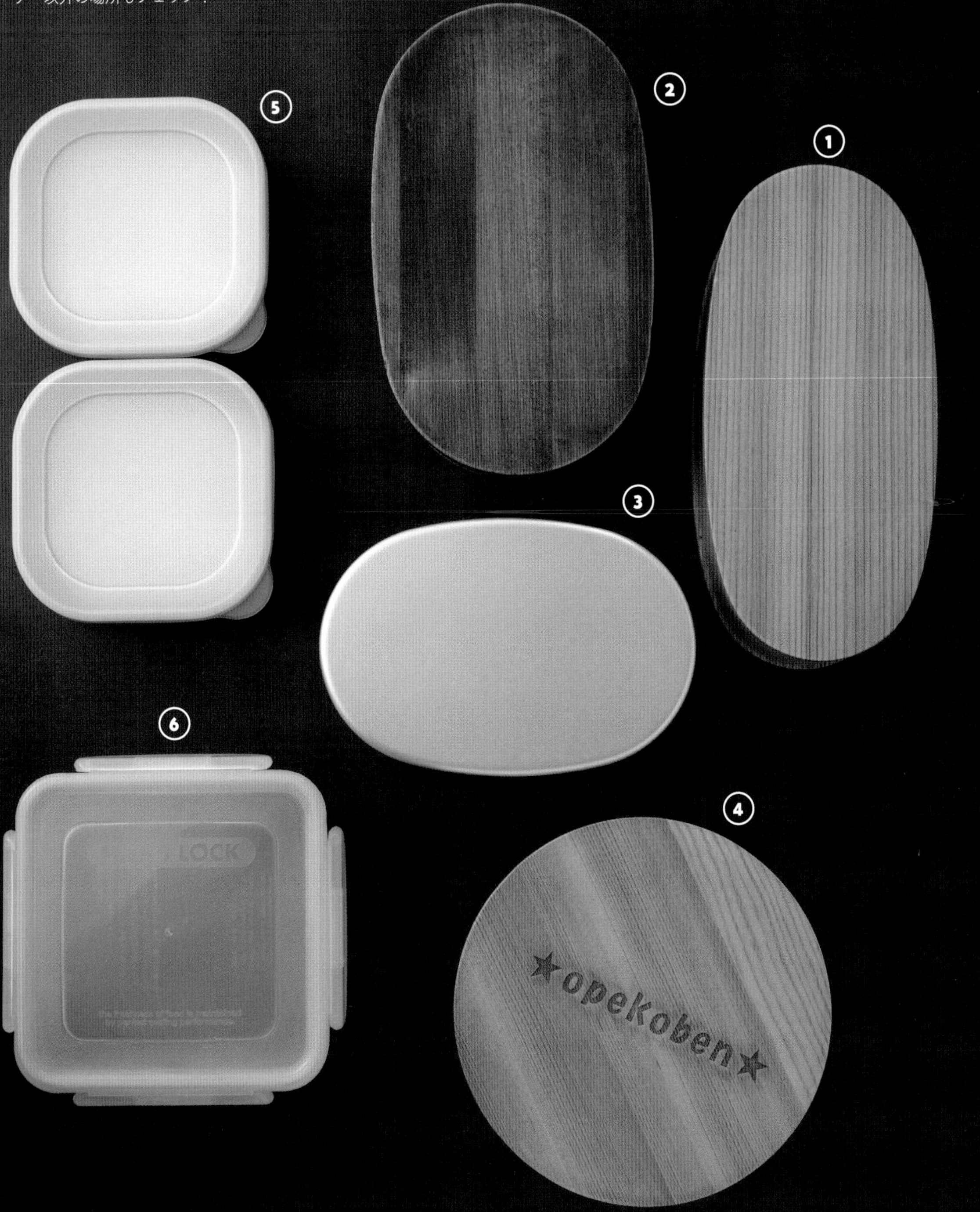

お弁当箱について

毎日のお弁当作りを始めた当初、棚の奥に眠っていた細身で二段重ねのお弁当箱に毎日おかずを詰めていました。SNSなどでオシャレなお弁当写真を見つけては、**「次はこんなん作る！」**と気合いを入れておかずを作るも、いざ詰めようとするとうまく詰められず、**「ちゃうわ」**と言いながら取り出し、また詰めては「え、ムリや入らへん」と、サスケも引くくらいの独り言ワールド。

おかずが違えば大きさや形も違う。ほな、**お弁当箱の形も変えてみるか？** というわけで百均に行き、今持っているお弁当箱とまったく形の違う1段の長方形のものを購入。で、おかずを詰めてみたらなんかめっちゃしっくりきて。そこから私のお弁当箱集めが始まり、そんな中で

どうしても欲しかったのが「わっぱ弁当」。見た目のかわいさもあるけど、ごはんがベチャベチャになりにくい、夏場は傷みにくいなどメリットがたくさんあって、ひとつ持っていたら便利そうやな。とお弁当箱専門店に行き、そこで一目惚れした楕円形のわっぱ弁当。ちょっと値は張るけど、購入！うれしさのあまり、帰宅してからずっと眺めてたなぁー(笑)。

でもお気に入りのお弁当箱との出会いはなかなかのもので、それまでは「このおかずをどうやってお弁当箱に詰めよう」っていう考えだけでしたが、それプラス**「このお弁当箱にはどんなおかずが合うんやろう」**という、毎日の服のコーデを考えるような楽しみ方もできるようになりました。

おかずも品数もシンプルな、背伸びしない私のお弁当ですが、それに合うお弁当箱を選ぶ瞬間だけは、なんかやたら気合い入ってます(笑)。その日の服のコーデがいい感じやと一日気分がいいように、おかず×お弁当箱で**「今日はどんなコーデでいこかな」**と楽しみながら作ってます。

なので、SNSへの投稿はある意味私の日々のファッションコーデを載せているようなもんですな。

→知らんけど。

服だって1着でいろんな着こなしができるように、お弁当だって同じおかずでもお弁当箱が変われば雰囲気も変わるんです。

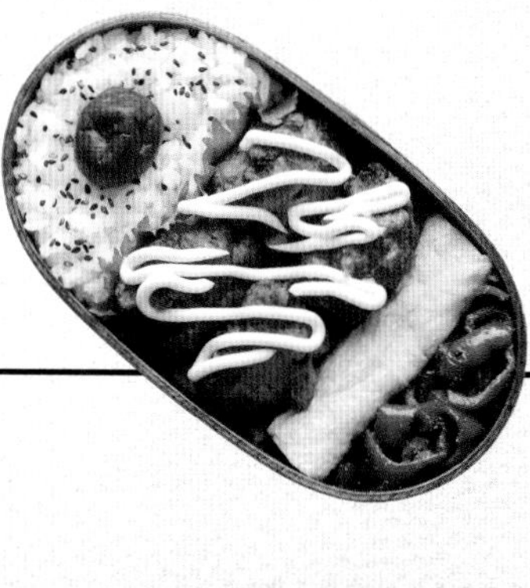

おかずとお弁当箱の切っても切れない関係、なんかすてきやん。

part2

わくわくの基本おかず

基本おかず 1

ウインナー炒め

ウインナーはサブでなくメインおかずです

サブおかずとして扱われがちなウインナーソーセージをメインおかずに昇格したら、毎日のお弁当作りへのプレッシャーが減りました。作るのが面倒なとき、食材がない日は、ウインナー弁当一択！「何を作ろう？」と悩まずにすんで気持ちがラクに。「シャウエッセン」（日本ハム）など贅沢なウインナーはもちろんおいしいですが、普通のウインナーでもほんの少しのごま油で炒めれば、ぐんとおいしくなりますよ♪

ポイント1 切り込みはお好みで

ウインナーソーセージに斜めの切り込みを入れると、ほんのちょっとだけ、見た目が華やかに。でも、はっきり言って、これは気分次第。やらないことも多いです！

ポイント2 ごま油をほんの少し

フライパンに小さじ¼ぐらいのごま油を引きます。ごま油の香りがウインナーソーセージ独特のくさみを消し、おいしく仕上がります。

ポイント3 弱めの中火でじっくり

フライパンを弱めの中火で熱します。コンロの炎の先がフライパンの底につくかつかないかぐらいを目安に。

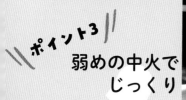

ポイント4

フライパンを揺らしながら炒める

ウインナーソーセージを加え、たまにフライパンを揺らして転がしながらじっくり炒める。

ウインナー炒めアレンジ

ウインナーソーセージの登場率が高めのおぺこ弁当。
シンプルなごま油炒めがいちばん好きですが、
気分を変えたいときの味つけバリエも考えてみました。
お好みでどうぞ。

材料

ウインナーソーセージ…3～4本
ごま油…小さじ¼
カレー粉…小さじ¼～
砂糖…ひとつまみ
塩…少々

作り方

ウインナーソーセージをごま油で炒め、合わせておいた調味料を入れてからませる。

＊カレー粉は好みの辛さに調整してください。

コチュマヨ味

材料

ウインナーソーセージ
…３～４本
ごま油…小さじ¼
マヨネーズ…小さじ１
コチュジャン
…小さじ½～小さじ１

作り方

ウインナーソーセージをごま油で炒めたら、火を弱め、合わせておいた調味料を入れてからませる。

＊焦げやすいので、調味料を入れたら必ず弱火にしてください。コチュジャンは好みの辛さに調節してください。

トマトケチャップ＆粉チーズ味

材料

ウインナーソーセージ…３～４本
ごま油…小さじ¼
トマトケチャップ…大さじ½
粉チーズ…適量

作り方

ウインナーソーセージをごま油で炒め、トマトケチャップを入れてからませる。盛りつけてから粉チーズをかける。

材料

ウインナーソーセージ…３～４本
ごま油…小さじ¼
タバスコ®…２～３滴～
ブラックペッパー…適量

作り方

ウインナーソーセージをごま油で炒め、火を止めてからタバスコ®とブラックペッパーをかける。

＊タバスコ®は２～３滴でも辛いので、好みに応じて調整してください。

基本おかず2

卵焼き

卵焼きは塩だけでOK

味つけはシンプルに塩のみ。基本的にほかの調味料は入れず、いろいろな塩を使って楽しんでいます。中でもお気に入りは、岩塩です。ただし普通の塩より塩分濃度が高いので、やや控えめに入れるようにしています。

きれいに焼くポイントは、卵をまぜすぎないこと。あと、焼くときに一度にたくさんの卵液を入れるとなかなか固まらず（半熟状態にならず）、その間にすぐに外側を焦がしてしまうので、私は少量ずつ４〜５回（卵２個の場合）に分けて焼いています。しかもこのほうが、巻きやすいです。玉子焼きは焦げるからイヤ、巻くのが苦手という方は、試してみてください。

ポイント1

白身は菜箸で切るように

まぜすぎるとぺたんこの玉子焼きになりがちなので、白身は菜箸で切るように10回ほど持ち上げるようにしてまぜます。

ポイント2

全体をまぜすぎない！

全体を静かに20〜30回ほどまぜる。白身と黄身は分離していてOK。まぜすぎないのが、ふっくら仕上げるポイントです。

おぺこ流

卵焼き実況中継！

材料

卵…２個
塩…ふたつまみ
サラダ油…適量

作り方

ボウルに卵を割り入れ、塩をふり、さっくりまぜて卵液を作る。中火で熱した卵焼き器に油を薄く引き、卵液が全体にいきわたる程度に流し入れる。卵２個分の卵液の場合、４〜５回に分けて焼いていく。

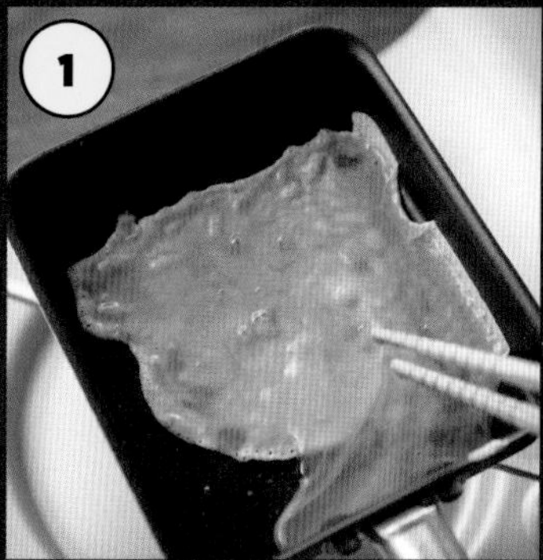

卵液を卵焼き器全体にいきわたる程度に流し入れます。ぷくぷくと膨らむので、箸で軽くつぶします。

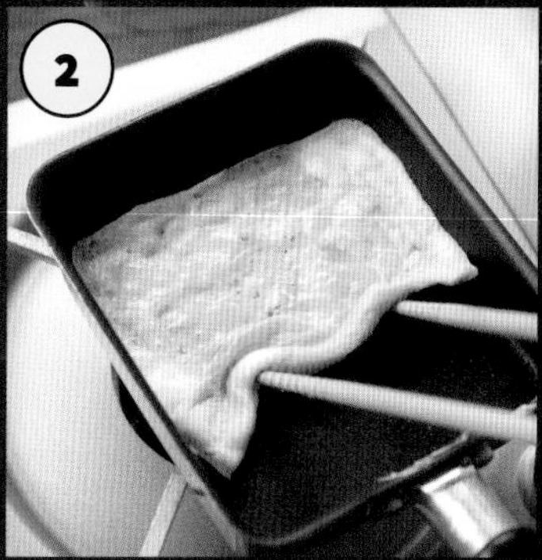

半熟の状態で巻き始めます。私の場合は、手前から奥に巻いていきますが、奥から手前でも、もちろんOK。やりやすいほうで！

巻いてから余熱で中まで火を通すイメージ。

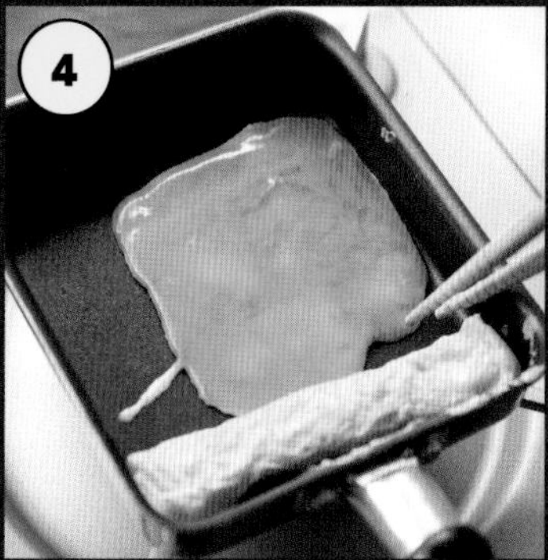

卵焼きを手前に寄せて油を薄く引き、全体にいきわたる程度に卵液を流し入れます。

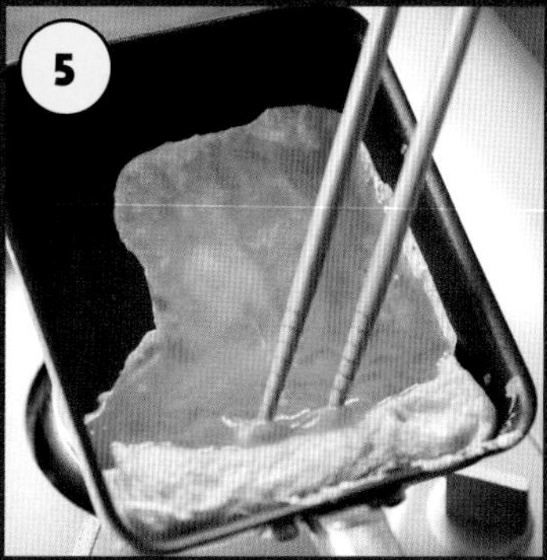

卵焼きを菜箸で少し持ち上げて、下にも卵液を流し入れます。

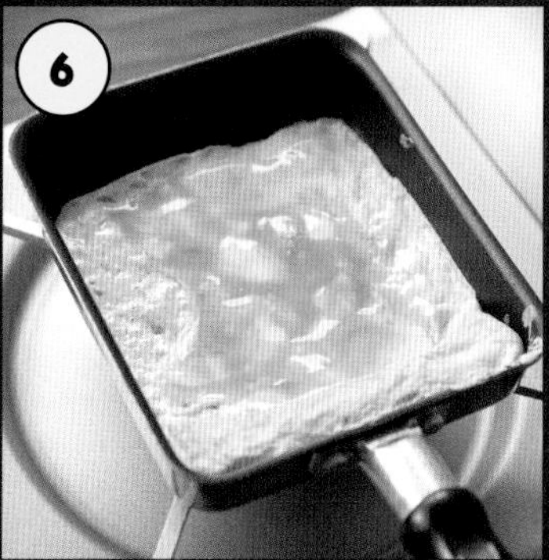

卵液がぷくぷくしてきたらまた、巻き始めますよ。形が崩れても気にしない！　最後に巻きすで整えるのでいくらでもごまかせます！

菜箸でくるくると巻いていきます。巻いたらまた手前に寄せ、同様に卵液を流し入れて焼くのをくり返します。

最後の１巻きは表面をしっかり焼きます。

巻きすでくるみ、少し置いて形を整える。切り分けて完成。

卵焼きアレンジ

卵焼きもシンプルイズベストですが、
たまに紅しょうがやねぎなどトッピングを加えると、
味も見た目も華やかに。
塩以外の調味料は加えず、素材の味を楽しみます。

基本の卵焼き

紅しょうが入り

紅しょうが入り

材料

卵…2個
塩…ひとつまみ
紅しょうが…約大さじ1
サラダ油…適量

作り方

サラダ油以外の材料をまぜ、基本の卵焼きと同様の手順で焼く。

基本の卵焼き

材料＆作り方

(p.32〜33)

高菜漬け入り

材料

卵…２個
塩…ひとつまみ
刻んだ高菜漬け…約大さじ１強
サラダ油…適量

作り方

サラダ油以外の材料をまぜ、基本の卵焼きと同様の手順で焼く。

ちくわ入り

材料

卵…２個
塩…ひとつまみ
刻んだちくわ…１本分
サラダ油…適量

作り方

サラダ油以外の材料をまぜ、基本の卵焼きと同様の手順で焼く。

細ねぎ入り

材料

卵…２個
塩…ふたつまみ
刻んだ細ねぎ…約大さじ１強
サラダ油…適量

作り方

サラダ油以外の材料をまぜ、基本の卵焼きと同様の手順で焼く。

基本おかず3

ピーマンの塩こんぶ炒め

ピーマンはお弁当にぴったりの優秀食材

副菜でいちばんよく使うのがピーマン。いつでもどこでも安く手に入るし、緑色が鮮やかできれい。その代表的な一品が、塩こんぶ炒めです。ごま油で炒めて、塩こんぶで味つけするだけなので超簡単！　ピーマンは、繊維に沿って縦に切るか横に切るかで食感と苦みが変わります(私は横に切る派)。また、炒めることでおいしさがアップしますが、レンジをうまく使えば、忙しい朝でもちゃちゃっとできますよ。

材料

ピーマン…1個
ごま油…小さじ½
塩こんぶ…ひとつまみ

ポイント

ピーマンは繊維を断つように横に切る

ピーマンは縦半分に切って種を取り、横に細切りにします。ピーマンは、横に切ると苦みや香りが強く、やわらかな食感に。縦に切ると、苦みや香りは控えめでシャキッとした食感になります。

フライパンにごま油を中火で熱し、細切りにしたピーマンを炒めます。

ピーマンが少ししんなりしたら、塩こんぶを加えて、さっと炒めてでき上がり。

もっと簡単に！レンチン仕上げ

右ページのポイントと同様にピーマンを細切りにし、耐熱容器に入れてふんわりとラップをかけ、電子レンジ(600W)で40秒加熱(足りなければ10秒ずつ追加で加熱してください)。水分があれば捨てます。

熱いうちにごま油を加えます。

塩こんぶも加え、まぜ合わせたらでき上がり。

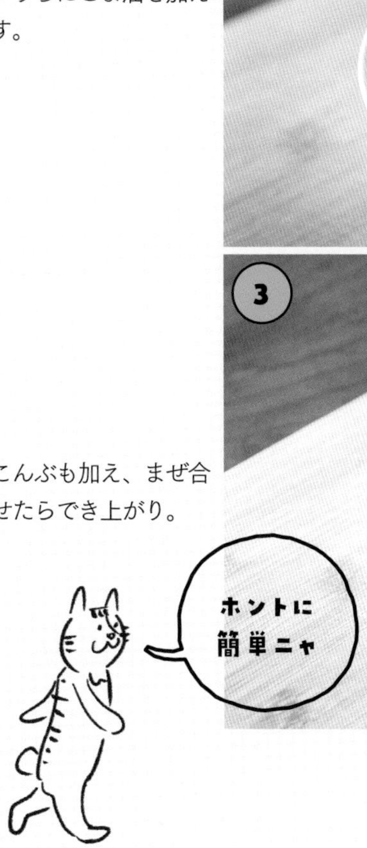

ピーマンの塩こんぶ炒め

アレンジ

ピーマンの塩こんぶ炒めに食材を足したり、ピーマンをほかの野菜にかえたりと、アレンジをいろいろ考えました。どれも味つけは塩こんぶだけで簡単に作れます。

食材をプラス！

1食分 約26円

基本

材料（２人分）

ピーマン…１個
ごま油…小さじ１
各トッピング
塩こんぶ…ふたつまみ

作り方

❶ピーマンは細切りにする。
❷フライパンにごま油を中火で熱して、ピーマンと各トッピングの材料を入れて炒める。
❸しんなりしたら、塩こんぶを入れてさっと炒める。

基本 ＋ ちくわ 1本 ＝

1食分 約25円

基本 ＋ にんじん 30g ＝

1食分 約23円

基本 ＋ きのこ 30g ＝

1食分 約31円

食材をチェンジ！

ブロッコリーの塩こんぶ和え

材料（1人分）

ブロッコリー…¼株（約40g）
ごま油…小さじ½
塩こんぶ…ひとつまみ

作り方

ブロッコリーは小房に分け、耐熱容器に入れ、ふんわりとラップをかけて電子レンジ（600W）で40秒加熱する（足りなければ10秒ずつ追加で加熱する）。ごま油、塩こんぶと和える。

キャベツの塩こんぶ和え

材料（1人分）

キャベツ（ざく切り）…約50g
ごま油…小さじ½
塩こんぶ…ひとつまみ

作り方

キャベツは耐熱容器に入れ、ふんわりとラップをかけて電子レンジ（600W）で40秒加熱する（足りなければ10秒ずつ追加で加熱する）。さっと水にくぐらせて水けをぎゅっと絞り、ごま油、塩こんぶと和える。

さやいんげんの塩こんぶ和え

材料（1人分）

さやいんげん…５～６本（約30g）
ごま油…小さじ½
塩こんぶ…ひとつまみ

作り方

さやいんげんはヘタを切り落とし、食べやすい大きさに切る。耐熱容器に入れ、水小さじ１を加えてラップを少しあけてかけ、電子レンジ（600W）で40秒加熱する（足りなければ10秒ずつ追加で加熱する）。水分をきってごま油、塩こんぶと和える。

朝の楽しみ

朝は強いか弱いかと聞かれれば、自信を持って弱いと言える私。寝起きはガチャピンに似ていると言われるし声もカッスカスで**テンションが低い**。

　そんな私がいつもどんな感じの朝を過ごしているかと言いますと、まずは**テレビをつけ**、めざましテレビにチャンネルを合わせる。日課である**白湯をすすり**、体にしみ渡るのを感じながらキッチンに立ち、**お弁当作り**をちんたら始めていく。メインのおかずは冷凍保存していたらレンジでチンするだけだし、副菜も作りおきがあれば詰めるだけ。なくても切ってサッと炒めたりレンチンして和えたり。卵焼きは最後に巻きすがビシッと形をキメてくれるので、崩れたりしても気にせず焼いています。

ここで突然ですが

おぺこの朝の3ルール

1.「卵焼きを焼くときの音とぷくぷく」

玉子焼き器を加熱し、油を引いて液を流し入れるときのあの「ジュゥ〜ッ」っていう音。しっかり加熱されてないと聞けないあの音からはマイナスイオンが放たれている…と勝手に思っている。そして、それと同時に表面がぷくぷくして箸でつぶすあの瞬間、私の目は開き出す。

2.「卵焼きの断面模様」

しっかりまぜない私の卵焼き。白身が分離して、それがいつも違った模様を作り上げる。その模様は同じものがひとつもない。だからいつも、その模様が何に見えるかゲームを一人で開催すると、私の目はさらに開き出す。そうこうしていたら、テレビではアキラ先輩とロペ君が楽しそうに笑っている。時計を見なくても、テレビを観たり音を聴けば時間がわかる。そしてお弁当箱を選んで今日のおかずを詰めていく。

3.「めざましジャンケン&今日の占いカウントダウン」

めざましジャンケンが始まったらお弁当を詰めていたとしても、いったん箸を置き、一度呼吸を整え、そして本気でジャンケンに挑む。勝ったときの一人ドヤ顔にはサスケも冷ややかな目線。そこからの今日の占いカウントダウン。私は乙女座。今日は何位？ 何位？ とドキドキし、1位やったらテンション上がって、ごはんにたっぷり黒ごまをかける。最下位やったらテンション上げるためにごはんにたっぷり黒ごまをかける。占いって、介護の利用者さんとの会話でもけっこう盛り上がるんですよね！ 朝にテレビをつけるのは、その日の話題作りのためにも欠かせないことなのです。

　そして、テレビからはベルの音と共に**「7時！7時！」**というアナウンス。そのころには、私の目は7割方開眼し、そこから朝ごはんをしっかり食べてシャキッとなるわけです。毎日の生活の中で、当たり前やけど実は生活を彩っているものって、いろいろあったりするんですよね。お弁当を作ってもらう人からすると、お弁当を作ってくれる人が日々の生活の彩りになっているかもしれません。そう考えるとおっくうに感じるお弁当作りもテンションが上がったり〜。最初は毎朝のお弁当作りにまったく気が乗らなかった私も、今はこんなに楽しんで無理なく作ることができています。みなさんもお弁当作りの中で、ちょっとした楽しみを見つけてくださいね！

　そんな私は、明日も**本気でジャンケンに挑みまっせ。**

part3

コスパ最強の
４食材で
冷凍つくおき

鶏胸肉・豚こま切れ肉・ひき肉・塩鮭で コスパ抜群の メインおかずを作りおき

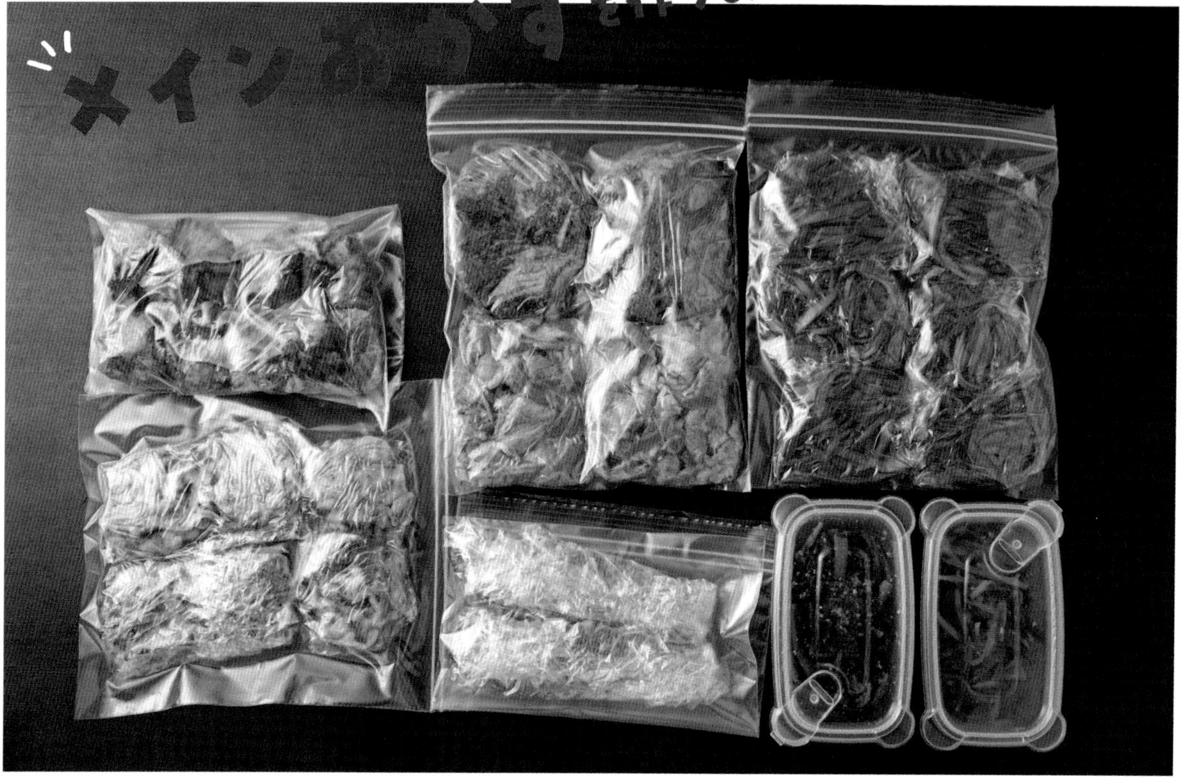

基本的にお弁当のおかずは、週末に2週間分ぐらいをまとめて作りおきします。メインおかずや汁けの少ない副菜などは冷凍保存しておき、1カ月以内に使いきるようにしています。作りおきしたおかずはお弁当だけでなく、帰りが遅くなった日の晩ごはんにも♪

じつは一人分のおかずを作るのって意外と面倒くさかったりするんですよね……。だから、お弁当と晩ごはんどちらにも使えるおかずを作ることが増えてきた気がします。

近所のスーパーは鶏胸肉がいつも激安なので(グラム29〜49円♡)、おかずとしての登場率高め。豚こま肉やひき肉もいろいろなおかずに使い回せる一軍食材。焼くだけでOKの塩鮭もお弁当の定番。この章では、このコスパ最強の4食材、鶏胸肉・豚こま切れ肉・ひき肉・鮭を使ったおかずレシピをご紹介します。

週末8品作るときの段取り例

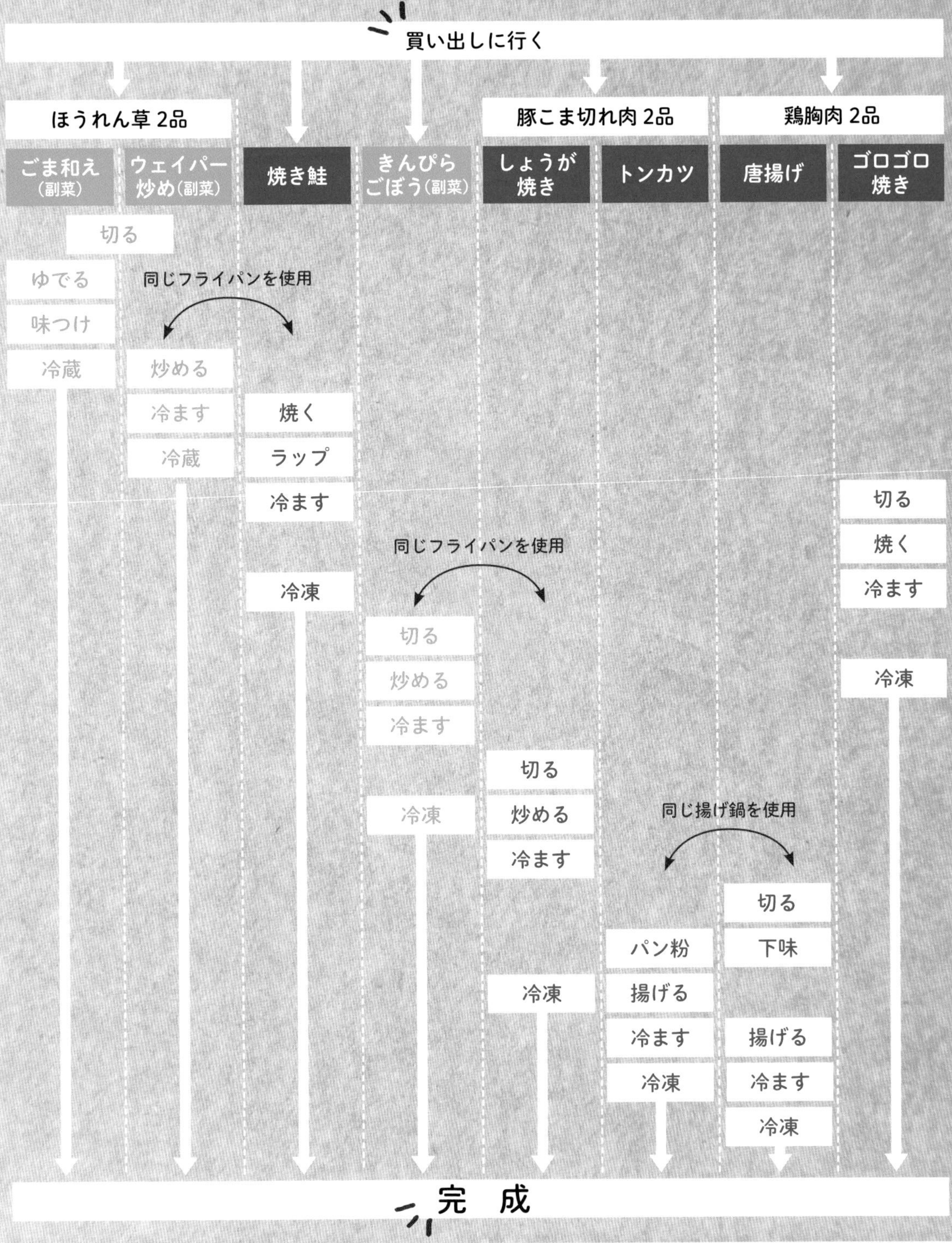
買い出しに行く
ほうれん草2品
豚こま切れ肉2品
鶏胸肉2品
ごま和え（副菜）
ウェイパー炒め（副菜）
焼き鮭
きんぴらごぼう（副菜）
しょうが焼き
トンカツ
唐揚げ
ゴロゴロ焼き
切る
ゆでる
味つけ
冷蔵
同じフライパンを使用
炒める
冷ます
冷蔵
焼く
ラップ
冷ます
冷凍
切る
焼く
冷ます
冷凍
同じフライパンを使用
切る
炒める
冷ます
冷凍
切る
炒める
冷ます
冷凍
同じ揚げ鍋を使用
パン粉
揚げる
冷ます
冷凍
切る
下味
揚げる
冷ます
冷凍
完成

鶏胸肉

冷めてもやわうま！

究極の唐揚げ

下味10分でOK！
「少しの工夫で胸肉がここまでやわらかくなる！」
という驚きは、冷めたときにより一層実感！

材料（2～3人分）

- 鶏胸肉…1枚(約300g)
- A
  - 水…大さじ1
  - 酒…大さじ1
  - 砂糖…小さじ1
  - 塩…ひとつまみ
- B
  - しょうゆ…大さじ1
  - 和風だしの素(顆粒)…小さじ1
  - にんにくチューブ…2～3㎝
  - しょうがチューブ…3～4㎝
  - 溶き卵…½個分
- ごま油…大さじ½
- 小麦粉…大さじ2
- 片栗粉…大さじ2
- 揚げ油…適量

3個48円
4個64円

作り方

鶏肉は皮を取り除き、全体をフォークでプスプスと刺して穴をあけ、味をしみ込みやすくする。

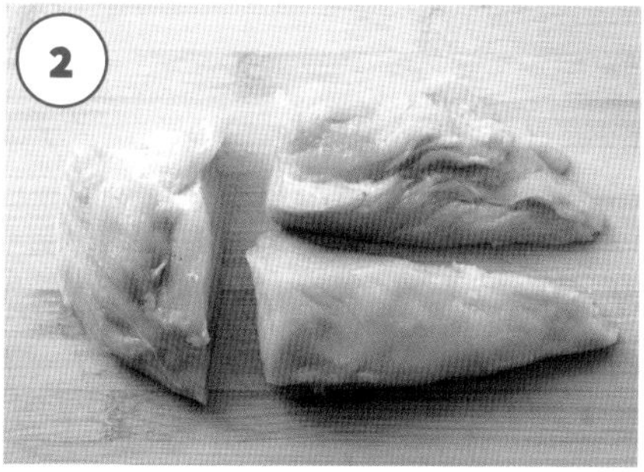

皮目を下にして置き、肉の繊維の方向ごとに3つのブロックに切り分ける。

繊維を断ち切るように、約1.5㎝厚さのそぎ切りにする。面は広く、薄く切るイメージ。

解凍の方法

⑫の要領で冷凍したら、解凍時はラップをせずに電子レンジで加熱します。3個は約1分、4個は1分20秒(600Wの場合。足りない場合は10秒ずつ追加してください)。さらにグリルやトースターで2～3分あぶる(アルミホイルをかける)と、サクサク感が復活します。

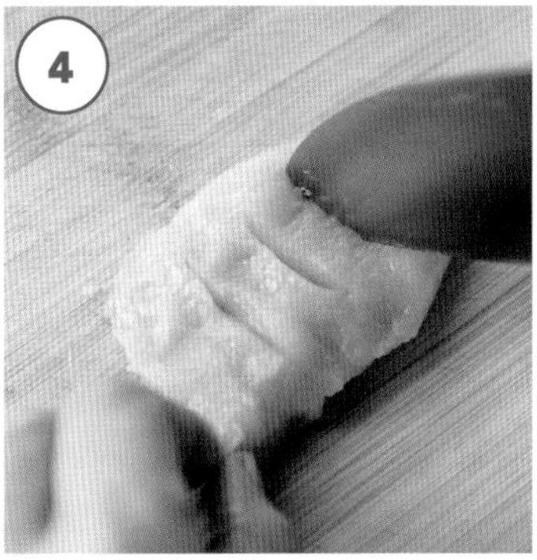

さらに繊維を断ち切るように、3～4カ所に深く切り込みを入れる(貫通してもOK)。やわらかく仕上がり、揚げ時間の短縮にもなる。

ボウルまたはポリ袋に④を入れ、**A**の材料を順番に入れて、汁けがなくなるまでしっかりもみ込む。

さらに**B**を順に加え、しっかりともみ込み、常温で約10分置く(長く漬けると辛くなるうえ、水分が抜けてしまうので10分でOK)。

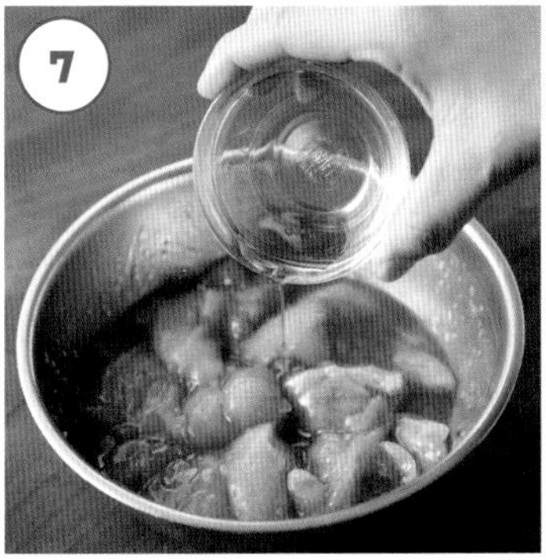

10分たったら数回もみ込み、ごま油を入れてコーティングする。

ボウルに小麦粉と片栗粉を入れてまぜる。⑦を入れて薄く粉をまぶし、手で丸く成形する。小さいものは数切れまとめて成形する。

鍋に油を入れて160度に熱し、油の温度が下がらないように2～3回に分けて揚げていく。

1分30秒たったら、いったんすべて取り出す。きつね色ぐらいの揚げ色でOK。

残りも同様に揚げてすべて取り出したら、油を180度に熱してさらに1分～1分30秒ぐらい揚げる。

しっかり油をきる。冷凍保存する場合、小分けにしてラップで包み、さらにフリーザーバッグに入れて空気を抜く。

鶏胸肉

冷めてもやわうま！

究極の唐揚げ

揚げたてもおいしい♪

コスパのいい鶏胸肉で、お弁当に入れてもおいしい唐揚げを作りたくて、いろいろ試してこのレシピに落ち着きました！　薄く切ることで、約3分で揚がります。厚くなってしまった場合は、揚げる時間を少し長くしてください。保水効果を高めるためにも、調味料を入れる順番は守ってくださいね！

鶏胸肉

ヘビロテ確定！

鶏胸肉と大葉のゴロゴロ焼き

胸肉を小さく切ることで食感を残しつつ、
パサつきも抑えて冷めてもおいしい！

ヘビロテ確定！

鶏胸肉と大葉のゴロゴロ焼き

3個72円
（1個24円）

クックパッドで殿堂入り!!

冷めるとパサつきがちな胸肉ですが、小さめに切ってみたら食感もよくパサつきも改善しました。しっかり焼き色がついてから裏返すことで崩れにくくなりますよ。このレシピは、料理レシピ投稿・検索サイト『クックパッド』で殿堂入りしたレシピ。たくさんの方が作ってくれていて感謝しています！

材料（2〜3人分）

- 鶏胸肉…１枚（約300g）
- 大葉…大５〜６枚（中７〜８枚）
- 片栗粉…大さじ２
- 酒…大さじ１
- マヨネーズ…大さじ１
- しょうゆ…小さじ２
- 塩、こしょう…各少々
（お弁当用にはしっかりめがおすすめ）
- サラダ油…適量

作り方

①鶏肉は皮を取り除き、約１cm角に切る。

②大葉は細かく刻む。

解凍の方法

⑧の要領で冷凍したら、解凍時はラップをせずに電子レンジで加熱します。３個は約１分、４個は１分20秒(600Wの場合。足りない場合は10秒ずつ追加してください)。さらにグリルやトースターで２〜３分あぶる(アルミホイルをかける)と、サクサク感が復活します。

ボウルにサラダ油以外のすべての材料を入れる。

よくまぜる。

フライパンを熱してサラダ油を引き、いったん弱火にする。スプーンを２本用意して④をすくい、フライパンの中で形を整える。すべて並べ終えたら中火にする。

焼き色がついたら返し、フタをして蒸し焼きにし、中までしっかり火を通す。

両面ともこんがり焼き色がついたらでき上がり。

冷凍保存する場合、小分けにしてラップで包み、さらにフリーザーバッグに入れて空気を抜く。

豚こま切れ肉

やわらかくて食べやすい！

でっかい トンカツ

豚肉は 100g（50g × 2）でほどよいサイズ、
150g（75g × 2）で「でっかいサイズ」です。
お好みでどうぞ！

材料（2枚分）

- 豚こま切れ肉…100〜150g
- **バッター液** ※合わせておく
  - 小麦粉…大さじ２
  - 卵…½個
  - 水…大さじ１
  - 塩、こしょう…各少々
- パン粉…適量
- 揚げ油…適量

ほどよいサイズ（50g） 50円
でっかいサイズ（75g） 67円

豚肉は半量ずつに分けて、広げたラップにのせて包む。

ぎゅっと押さえて薄く成形する(バッター液で膨らむのでペタンコの状態でOK)。

再度ラップを広げ、合わせておいたバッター液を塗る。

パン粉をまぶして軽く押さえる。

裏面も同様にバッター液とパン粉をつける。残りの肉も同様にする。

6 180度に熱した油で揚げる。網じゃくしなどにのせて油に入れると崩れにくい。こんがりきつね色に揚がったら取り出し、しっかり油をきる。

冷凍保存と解凍の方法

冷凍保存するときは、しっかり冷ましてからラップで包み、さらにフリーザーバッグに入れて冷凍室へ。解凍時はラップをせずに電子レンジで加熱します。50gは約1分、75gは1分20秒(600Wの場合。足りない場合は10秒ずつ追加してください)。さらにグリルやトースターで2～3分あぶる(アルミホイルをかける)と、サクサク感が復活します。

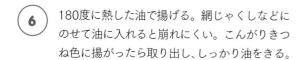

下味、追いだれで**旨味アップ！**

豚のしょうが焼き

安い豚こま肉でも子どもから大人まで大満足！
めっちゃやわらか味しみしみのしょうが焼きが完成。
ごはんとともにお弁当箱にたっぷり詰めて召し上がれ♥

作り方

1

ボウルにたれをまぜ合わせておく。

2

ポリ袋に豚肉、片栗粉、①を大さじ３程度入れる。

材料（作りやすい分量）

- 豚こま切れ肉…200g
- **たれ**
  - 酒…大さじ2
  - みりん…大さじ2
  - しょうゆ…大さじ1と1/2
  - 砂糖…小さじ1
  - にんにくチューブ…小さじ½
  - しょうがチューブ…大さじ½
- 片栗粉…小さじ1
- ごま油…大さじ1
- 玉ねぎ（薄切り）…½個分
- 水…大さじ1

1食分 約56円

冷凍保存と解凍の方法

冷凍保存するときは、しっかり冷まして１食分ずつ小分けにしてラップで平たく包み、フリーザーバッグに入れて冷凍室へ。解凍時はラップのままお皿にのせ（汁もれすることがあるため）、電子レンジ（600W）で１分加熱。足りなければ10秒ずつ追加してください。

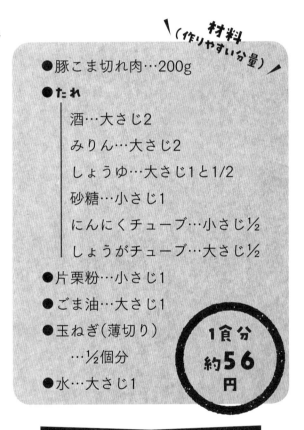

②をよくもみ込んでおく。

フライパンにごま油を中火で熱して、玉ねぎを入れて炒める。油がなじんだら水を入れ、ややきつね色になり、しんなりするまで炒める。

③を加える。

豚肉に火が通るまで炒める。

残りのたれを入れる。

水分がほとんどなくなるまで炒める。

豚こま切れ肉

下味、追いだれで旨味アップ！

豚のしょうが焼き

安い豚こまが大変身！

先にたれをもみ込むことでしっかり味がしみ込むうえ、炒めるときにほぐれやすくなります。さらに、仕上げに追いだれを入れて旨味を閉じ込め、おいしさもアップ！ また、玉ねぎを炒めるときに水を入れると、甘さが増すうえに、早くしんなりしますよ。片栗粉は肉がやわらかくなり、たれにとろみもつくので、お弁当に入れても汁もれしにくくなって◎。

豚こま切れ肉

甘辛味でお弁当にぴったり

お揚げさんの肉巻き

京揚げに片栗粉をまぶし、レンチンしてから焼くことでお肉がしっかりくっつき、こま肉でも崩れにくくなりますよ。

甘辛味でお弁当にぴったり

お揚げさんの肉巻き

京都人のソウルフードを豚こまで巻いてみた！

京都のスーパーでは必ず売っているこの「京揚げ」は、一般的な油揚げよりかなり大きい！ そしてそれを私たちは「お揚げさん」と呼んで親しんでいます。そんな大好きなお揚げさんを豚こまで巻いちゃいました。大きさにバラつきのある豚こま肉でも、崩れにくい裏ワザも紹介します。

材料（8個分）

- 豚こま切れ肉…150g
- 京揚げ…大１枚（120g）
  ※油揚げの場合は、２枚を目安にしてください。
- 塩、こしょう…各少々
- 片栗粉…適量
- みりん…大さじ２
- しょうゆ…大さじ１

3個102円
（1個34円）

作り方

1

京揚げは、大きめの短冊切りで16等分にする（油揚げの場合は１枚を９等分にして計18枚にする）。塩、こしょうをまぶす。

冷凍保存と解凍の方法

冷凍保存する場合は、小分けにしてラップで包んでフリーザーバッグに入れて冷凍室へ。電子レンジ（600W）で解凍するときは、３個で１分、４個で１分20秒加熱。足りなければ10秒ずつ追加してください。

①を２枚重ね、短辺の両端を少し出し、豚肉で巻いていく。端を出しておくことで、中の京揚げがたれを吸ってくれてジューシーに仕上がる。

②の両面に片栗粉を薄くまぶす。

耐熱皿に並べてラップをふんわりかけ、電子レンジ(600W)で２分加熱する。このとき、肉がまだ赤いままでもOK。

熱したフライパンに④を並べ、中火で焼いていく。

両面こんがり焼けたらみりんとしょうゆを入れる。

焦げないように注意しながらからめ、照りが出たら完成。

豚ひき肉

アレンジ自在な肉団子

そのままお弁当に入れたり、
甘酢あんをからめたり、ケチャップ味に
したり …とアレンジ自在！

肉団子の材料（約20個分）

- 豚ひき肉…250g
- 長ねぎ…白い部分½本
- しょうが…１かけ
- 片栗粉…大さじ１
- 酒…大さじ½
- ごま油…大さじ½
- しょうゆ…小さじ１
- 砂糖…小さじ½
- 塩…ふたつまみ
- ブラックペッパー…少々
- サラダ油…適量

5個70円（1個14円）

解凍の方法

電子レンジ(600W)で解凍する場合は、耐熱皿にのせてふんわりとラップをかけ、５個で１分加熱する。足りない場合は、10秒ずつ追加してください。

アレンジソースの材料と作り方（肉団子5個分）

ケチャップソース

トマトケチャップ…大さじ１
ウスターソース…大さじ½
水…大さじ½
砂糖…小さじ½

●熱したフライパンに肉団子とまぜ合わせた調味料を入れ、転がしながらとろみをつけて、ソースをからませる。

ポン酢で甘酢あん

水…大さじ２
ポン酢…大さじ１と½
砂糖…小さじ２
片栗粉…小さじ½

●すべての調味料をしっかりまぜ合わせたらフライパンに入れて中火で熱し、とろみが出てきたら肉団子を入れて転がしながらあんをからませる。

ごまだれ

マヨネーズ…大さじ１
みりん…小さじ１
酒…小さじ½
砂糖…少々
すりごま…大さじ１

●熱したフライパンにごま油小さじ½を入れて肉団子を軽く焼き、まぜ合わせた調味料を入れて転がしながらたれをからませる。ごまのいい香りがしてきたら完成。

肉団子の作り方

長ねぎ、しょうがはみじん切りにする。

ボウルにサラダ油以外のすべての材料を入れる。

まぜ合わせ、粘りけが出るまでよく練る。

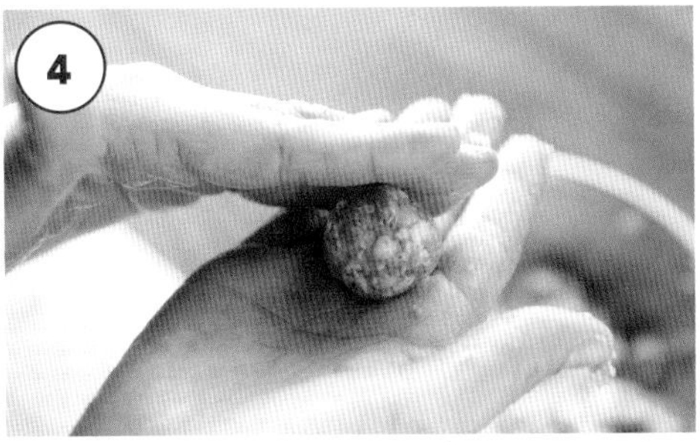

ひと口大に丸めていく。手を水で濡らすとくっつきにくく、成形しやすい。

小さな団子状にしましたが、お弁当用には小判形などでもOK。

熱したフライパンに少し多めの油を入れ、中火で揚げ焼きにする。菜箸などで転がすように焼き、ムラなく均一に火を通す。

色よく焼けたら完成。

冷凍保存する場合は、バットなどに間隔をあけて並べ､表面が少し凍るくらいに半冷凍したら、フリーザーバッグに入れて再度冷凍室へ。

アレンジ自在な 肉団子

使い勝手のいいおかず

基本の肉団子を冷凍しておくと便利！　スープやお鍋に入れても◎。お弁当用にはぜひ、アレンジバージョンも試してみてください。

合いびき肉

そのままでおいしい！
シンプルなピーマンの肉詰め

ピーマンの肉詰めをピーマンでかさ増し。
パン粉も玉ねぎも不使用、材料が少ないので手軽に作れます。

輪切りピーマンだから お弁当に入れやすい！

ピーマンは縦半分に切るのではなく、輪切りにすることで肉だねがしっかりとくっつき、焼いてもはがれにくくなります。肉だねが余ったらミニハンバーグにしたり、そのまま炒めてそぼろ風にして、ごはんの上にのせて食べてもおいしいです。

そのままでおいしい！

シンプルなピーマンの肉詰め

作り方

ピーマンはヘタと底の部分を切り落とし、厚さ1.5cmくらいの輪切りにして種を取り除く。

切り落とした底の部分は、みじん切りにしておく。

ボウルにひき肉と②を入れて、**A**を加えてまぜ合わせる。

材料（約12個分）

- ピーマン…４～５個
- 合いびき肉…200g
- **A**
  - マヨネーズ…大さじ１
  - オイスターソース…大さじ½
  - 片栗粉…大さじ½
  - しょうゆ…小さじ１
  - 砂糖…小さじ½
  - 塩、こしょう…各少々
- 小麦粉…適量
- ごま油…大さじ½
- 水…20mℓ

3個72円（1個24円）

冷凍保存と解凍の方法

冷凍保存する場合は、３個ずつくらいに分け、ラップで包んでフリーザーバッグに入れ、冷凍室へ。電子レンジ(600W)で解凍するときは、ラップをかけたまま耐熱皿にのせ(肉汁がこぼれることがあるため)１分加熱。足りない場合は10秒ずつ追加してください。

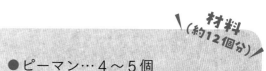

粘りけが出るまで練る。

ポリ袋に輪切りにしたピーマンと小麦粉を入れ、シャカシャカとふってまぶす。

④を軽く丸め、⑤のピーマンの輪の中に入れて、くっつけるようにしっかり詰める。

熱したフライパンにごま油を引き、⑥を並べて中火で焼いていく。

焼き色がついたら上下を返し、水を入れてフタをし、火を少し弱めて蒸し焼きにする。

しっかり水分がとび、焼き色がついたら完成。

ナンプラーでガパオ風
大人の鶏そぼろ

アジアンテイスト好きにはたまらない！
ナンプラーの風味がクセになります。炒り卵を作って２色丼にしたり、
お好みの副菜を入れて３色丼にしたりと、お弁当に大活躍！

冷凍保存と解凍の方法

冷凍保存する場合は、１食分ずつ小分けにして、ラップで平たく包んでフリーザーバッグに入れ、冷凍室へ。電子レンジ（600W）で解凍するときは、ラップをかけたまま耐熱皿にのせ（肉汁がこぼれることがあるため）１分加熱。足りない場合は10秒ずつ追加してください。

1食分 約68円

材料（作りやすい分量）

- 鶏ひき肉…250g
  （もも肉でも胸肉でも、もも肉と胸肉のミックスでもお好みで。ここでは胸肉を使用）
- ごま油…大さじ１
- にんにく、しょうが…各１かけ
- オイスターソース…大さじ１
- ナンプラー…大さじ½
- 砂糖…小さじ２
- 塩、こしょう…各少々

作り方

フライパンまたは小鍋にごま油を入れ、みじん切りにしたにんにくとしょうがを加えて弱火にかける。

香りがたってきたらひき肉を入れて中火にし、菜箸を数本使って、ぽろぽろになるようにほぐしながら炒める。出てきた脂が気になる場合はキッチンペーパーで取り除く。

ぽろぽろになったらオイスターソース、ナンプラー、砂糖を入れる。

水分がなくなるまでしっかり炒め、塩、こしょうで味をととのえたら完成。

フライパンでふっくら

焼き塩鮭

酒で蒸し焼きにすることで、冷凍してもおいしさそのまま！
崩れやすいので上下を返すのは１回だけにしましょう。

1食分
約98円

材料（2切れ分）

- 塩鮭…2切れ
- サラダ油…適量
- 酒…大さじ1

作り方

1

中火で熱したフライパンに油を薄く引き、皮側を下にして焼く。

2

2〜3分焼いて、焼き色がついたら上下を返し、酒をふり入れる。

3

フタをして少し火を弱め、2分ほど蒸し焼きにする。ふっくらと焼き上がったら完成。ただし、焼きたてを食べる場合は、フタを取ったらさらに1分ほど焼き、表面の水分をしっかりとばすとおいしく仕上がる。

4

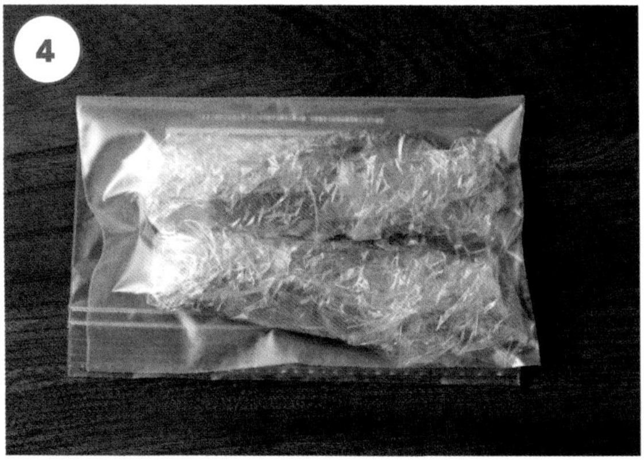

粗熱が取れたら、水分が逃げないよう温かいうちに1切れずつラップで包む（キャンディを包むようにして、巻き終わりが上になるように包むと、電子レンジで加熱したときに汚れにくい）。冷めたらフリーザーバッグに入れて冷凍室へ。

冷凍保存と解凍の方法

電子レンジ（600W）で解凍する場合は、ラップをしたまま1切れあたり30〜40秒加熱。加熱しすぎるとパサつく原因になるので注意。

おぺこさんのお弁当 ベスト10

お弁当作りを始めて4年弱。インスタグラムに投稿したお弁当は450個以上です。毎日同じようなおかずだし品数も少ないけれど、背伸びすることをやめた日からお弁当を作ることが苦ではなくなり、無理なく作り続けることができています！

「お弁当作りがラクになった！」「肩の力がスっと抜けた！」「お弁当作りを始めるきっかけになった！」……など、うれしいコメントやメッセージをたくさんいただき、私自身もお弁当作りのモチベーションにつながり、インスタグラムへの投稿もマイペースではありますが楽しくやらせていただいています。その中で多くのみなさんに支持していただいたお弁当のベスト10をご紹介します。

1位

ウインナー弁当かくれんぼバージョン

お弁当箱の容量600㎖

1. ウインナーソーセージ炒め（朝に調理　p.28〜）
2. ねぎ入り卵焼き（朝に調理　p.32〜）
3. きんぴらごぼう（冷凍保存　p.82〜）

ウインナーで副菜をかくす「かくれぼおかずで作ったウインナー弁当」。どうせ下段は見えないので適当に詰めようが気にしない！　「サブヒロモリ」のお弁当箱は、サイズ感と角感（角感て言うんかわからんけど）で使いやすい。百均のお弁当箱に続くヘビロテアイテムです！

コメント

いいね！ 8,910

★ウインナー大好きな私にとっては…衝撃インパクト大のお弁当で思わずコメントしてしまいました（笑）。まさか…ほかのオカズが隠されていたとは！　今度真似っこさせていただきます。（mさん）

★いつも楽しみに拝見しております。私はお弁当は平面でしか考えていなかったのですが、このように二段にする方法があるなんて目からウロコでした。（Tさん）

おかず 約187円

2位

ブロッコリーとウインナーのオイソ炒め弁当

おかず
約147円

お弁当箱の容量300mℓ×2

① ブロッコリーとウインナーのオイソ炒め（朝に調理）

② 焼き明太子（前日に焼いておく）

おかずとしては1品ですが、なんとなく豪華に見えるお弁当の完成♪　炒め物って本当に便利だなーって思う。だって、深く考えずにただ炒めるだけでいいから。それに調味料をあれこれ入れなくても、ごま油などで香りをプラスすればシンプルな味つけでもおいしくなるというのが私の中での炒め物の法則。だから私の作るおかずは、ごま油の登場率が高め！　炒め物だけでなく和え物にも合うし、どんな食材とも相性がいい。あと、今回はごはんの上に焼き明太子をのせてみました。いつもは梅干しがほとんどですが、それを明太子に変えただけで、めちゃくちゃテンション上がったんですけど!!　たまには贅沢も必要ですね。

いいね！
8,700

コメント

★シンプルだけど色合いも鮮やかでとっても食欲をそそります！　そして好きなお弁当。（Rさん）

★私もごま油大好きです♡ 同じ材料での炒め物はよく作りますが、オイスターソースは未経験。今度作ってみますね〜。おいしそう。（Kさん）

2位は
意外ニャ

① ブロッコリーとウインナーのオイソ炒め

ブロッコリーはゆでるかレンチン。炒り卵を作って取り出したフライパンにごま油を入れてウインナーソーセージを炒める。さらにブロッコリーを入れて塩、こしょうをふり、オイスターソースを回しかけたら、炒り卵を戻してさっとからめて完成！

おかず
約102円

ほうれん草でアレンジ！

フライパンにごま油を入れてウインナーソーセージを炒める。ほうれん草を加えて、塩、こしょうをふり、オイスターソースを回しかけたら完成！

3位

ウインナー弁当 のっけバージョン

おかず
約153
円

お弁当箱の容量600㎖

1. ウインナーソーセージ炒め
（朝に調理　p.28~）

2. 卵焼き
（朝に調理　p.32～）

3. ピーマンのあかり®炒め
（前日に作りおき）

今回は伊藤ハムの「アルトバイエルン」でウインナー弁当♪　きれいに背の順に並びました(笑)。

いいね！
8,653

コメント

★とても潔い感じのお弁当に好感！　これからも楽しんで作ってくださいね。（Mさん）
★きれいに整列したお弁当、シンプルでとてもおいしそうですね！　同じ保存容器を持っていて、こんなふうに詰めてもかわいいのねと思い、思わずコメントしてしまいました！(Fさん)
★こういうのがいいですね、毎日だから。私にもできそう。真似しよう。（Cさん）

③ ピーマンのあかり®炒め

フライパンにごま油を入れてピーマンを炒める。あかり®をふり、さっとまぜたら完成。

おかず
約131
円

おかず
約126
円

またニャ

4位

またまた
ウインナー弁当

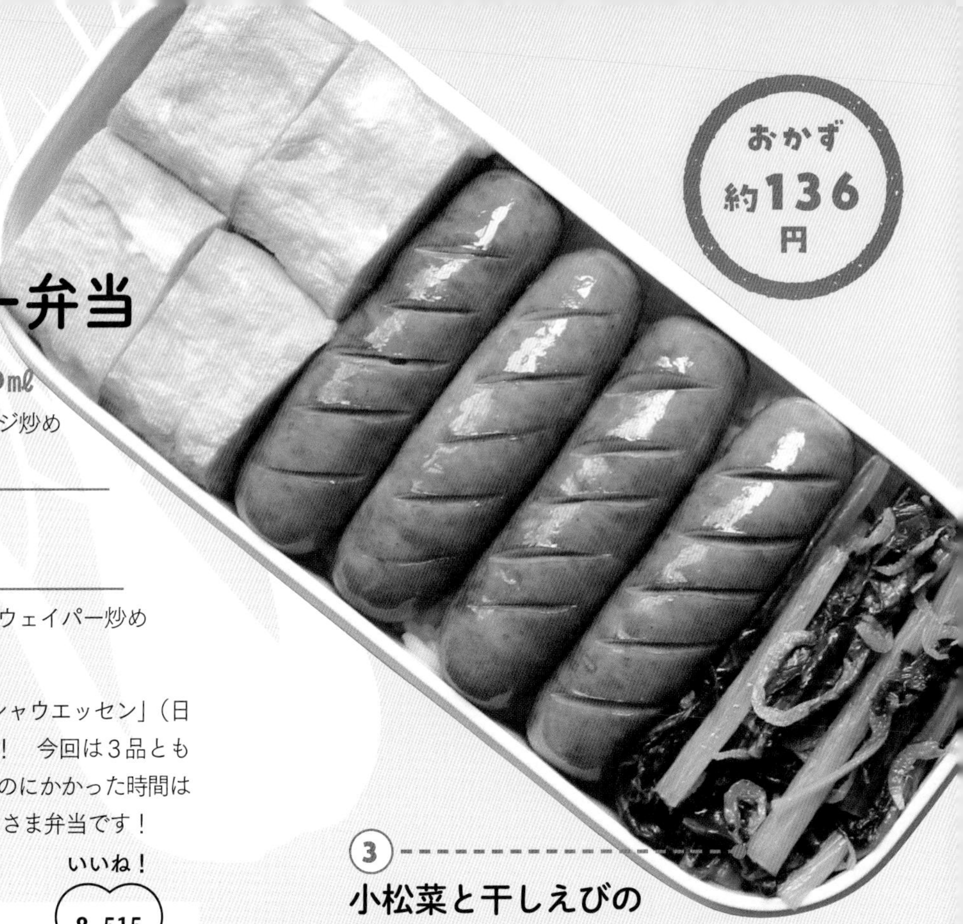

おかず
約136
円

お弁当箱の容量550㎖

① ウインナーソーセージ炒め
（朝に調理　p.28～）

② 卵焼き
（朝に調理　p.32～）

③ 小松菜と干しえびのウェイパー炒め
（朝に調理）

百均で買ったお弁当箱が「シャウエッセン」（日本ハム）にジャストサイズ！　今回は3品とも朝に調理しましたが、作るのにかかった時間は10分程度。ウインナーさまさま弁当です！

いいね！
8,515

コメント

★大好物ウインナー♡♡ウインナーあったら白米なんぼでも食べれます！（mさん）
★副菜が特に勉強になります!!　ありがとうございます♡（Mさん）
★絶対においしいお弁当ですね！（Hさん）

③

小松菜と干しえびの ウェイパー炒め

材料（1人分）

小松菜…大きめ1株(60g)
ウェイパー(チューブ)…小さじ1
ごま油…小さじ½
干しえび…小さじ1

作り方

❶小松菜は食べやすい大きさに切り、ウェイパーは小さじ1程度のお湯で溶いておく。
❷フライパンにごま油を中火で熱して小松菜を炒め、しんなりしてきたらウェイパーと干しえびを加えてさっと炒める。

おかず
約111
円

ならばっっっ

しょうが焼きで アレンジ！

5位

白ねぎの肉巻き弁当

お弁当箱の容量600ml

1. 白ねぎの肉巻き（前日の晩ごはん）
2. ちくわのオクラ詰め（朝に調理）
3. 卵焼き（朝に調理　p.32～）

クタクタになった白ねぎって、なんでこんなにおいしいんやろ？　煮ても焼いてもおいしいし♡　ちなみに肉巻きの下には長ねぎの青い部分を敷いています。作り方は、p.55の「お揚げさんの肉巻き」の京揚げを、せん切りの長ねぎ（白い部分）にかえればOKです。

おかず 約182円

② ちくわのオクラ詰め

オクラの白だし漬け（p.88）をちくわの穴に詰めるだけ。

コメント

いいね！ 8,269

★うちの男子高校生におぺこさんのお弁当見せたら、食べたいそうです。おぺこさんの食欲男子高校生並みで流石や！（cさん）
★お行儀のよさを感じるお弁当ですね！　キチンと整列してる。（Hさん）
★ちくわにオクラを詰めるという発想はなかったです。今度やってみよっと！（kさん）

＼卵に巻いたバリエーションも！／

おかず 約179円

オクラの白だし漬け（p.88）を卵で巻きながら焼くだけ（卵焼きのレシピはp.32～）。自然と丸い卵焼きになります。

6位

ミニウインナー陳列弁当

お弁当箱の容量600mℓ

1. 卵焼き（朝に調理　p.32〜）
2. ウインナーソーセージ炒め（朝に調理　p.28〜）
3. きんぴらごぼう（冷凍保存　p.82〜）
4. ピーマンのあかり®炒め（前日に作りおき　p.71）

私の大好きな「マジ旨ウインナー」（伊藤ハム）を並べてみたら、同じように玉子焼きも並べたくなりました。ピーマンもなんとなく並べてみたらたまたまきれいな「333」になり、朝からなんだかうれしくなって、キッチンでひとりニヤニヤする私なのでした。

おかず 約123円

コメント

いいね！ 8,056

★うちの息子が「ごはんないやん、足りるんかなぁ？」と言うておりました（笑）。下に隠れとると言うと、目を輝かせて「明日の弁当はこんなんで！」と申しております。（Eさん）
★美しいです！　このまま額縁に入れて飾りたいくらいです。（Mさん）
★ウインナー炒めおいしいですよね。いつも一瞬でなくなっちゃいます。（Fさん）

おかず 約74円

きんぴらごぼうの入ったお弁当

卵焼きがドーンと主役の「卵焼き弁当」を作ってみました！きんぴらがしっかり味なのでおかず2品でも十分満足♪

もうええわ
ウインニャー

7位 鶏もも肉のコチュジャン焼き弁当

お弁当箱の容量450ml

1. 鶏もも肉のコチュジャン焼き（前日の晩ごはん　p.106）
2. 炒り卵（前日に作りおき）
3. ピーマンのポン酢炒め（前日に作りおき）

暑い時期になってくると、なぜか辛いものが食べたくなる。じつは辛いものは苦手やけど、好きという矛盾。いやぁねぇ、汗がね、とにかくすごくてすごくて！　それさえなければ大好きやねんけど……。ということで、私のレシピである「鶏もも肉のコチュジャン焼き」は、汗が吹き出すような辛さではないので安心してお召し上がりください。

③

ピーマンのポン酢炒め

ピーマン1個を細切りにし、熱したフライパンにごま油小さじ½を入れて炒め、仕上げにポン酢を大さじ½入れて汁けをとばす。

おかず　約136円

②

炒り卵

卵1個に塩、こしょう少々を入れて溶き、中火で熱したフライパンにサラダ油小さじ1を入れて卵を流し入れ、箸でまぜながら炒り卵を作る。

おかず　約146円

いいね！ 8,041

コメント

★照り具合が食欲をそそります♡写真だけでごはん一杯はいけそうです(笑)。（Cさん）
★コチュジャン炒め、おいしそう!!　辛いの大好き。次はコチュジャン炒めに挑戦します！やや辛めにしようかな(笑)。（Kさん）

おかず
約150円

①
鶏もも肉の
ウェイパー焼き

p.96に詳しいレシピを紹介しています。ウェイパーだけで味つけがキマるので簡単。おすすめです！

やるニャ

8位

鶏もも肉のウェイパー焼き弁当

おかず
約172円

お弁当箱の容量650㎖

① 鶏もも肉のウェイパー焼き
（前日に作りおき　p.96）

② 卵焼き
（朝に調理　p.32〜）

③ ちくわのオクラ詰め
（朝に調理　p.73）

鶏もも肉にウェイパーをもみ込み、こんがり焼くだけで簡単メインおかずの完成！　ウェイパーは便利すぎる。

いいね！
8,022

コメント

★ウェイパーにそんな使い方があったとは！（sさん）
★おいしそうですね♪焼き色がさらに食欲をそそります。（kさん）
★鳥もも肉のウェイパー焼き！　おいしいに決まってる。作ってみますっ！（Aさん）
★これは、開けた瞬間、テンション上がります。（Sさん）

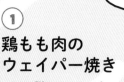

9位

またもや ウインナー弁当

お弁当箱の容量650ml

1. ウインナーソーセージ炒め（朝に調理　p.28〜）
2. 卵焼き（朝に調理　p.32〜）
3. オクラの白だし漬け（前日に作りおきして朝に削り節と和える　p.88〜）

週末は簡単にウインナー弁当。これは、伊藤ハムの「アルトバイエルン」です。ふだんは車の中で食べているところ、珍しく静か〜な事務所で静か〜にお弁当を食べていたら……CMばりに「パリッ」というアルトバイエルンのいい音が何回も響いていました（笑）。

おかず 約148円

③ オクラの白だし漬け

p.88に詳しいレシピを紹介しています。オクラの色が鮮やかできれいなので、全体に茶色っぽいお弁当に重宝します。左のお弁当は「1.5倍チキンハンバーグ（石井食品）」弁当。Bigサイズのハンバーグは、Bigサイズの私の胃袋にちょうどいい。まあ私からしてみればBigがRegularのようなもの。

＼Bigサイズっっっっ！！／

おかず 約150円

いいね！ 7,944

コメント

★そーなんです！　毎日作るお弁当は背伸びできません。うちもブロッコリー、卵、ミニトマト、ソーセージは必需品です。でも詰め方次第でこんなにおいしそうになるんですね〜♡参考にさせていただきます。（yさん）
★ウインナーの下にもごはんが見えておりますね！（kさん）
★本当、毎日作るものだし、手の込んだお弁当じゃなくてもいいと私も思います（Aさん）
★ホッとするお弁当ですね！　なんか惹きつけられました（Yさん）

おかず
約125円

10位

カレー味のチキンカツ弁当

お弁当箱の容量650㎖

① カレー味のチキンカツ（冷凍保存）

② 卵焼き（朝に調理　p.32〜）

③ ピーマンと干しえびの白だし炒め（前日に作りおき）

①は、揚げてから冷凍保存します。朝、電子レンジで解凍し、トースターやグリルであぶるとサクサクになりますよ。③はピーマンをごま油で炒めて白だしとみりんを2:1の割合で入れ、水分がとんだら干しえびを入れて完成！

いいね！
7,696

コメント

★お弁当の詰め方が美しすぎて♡どーやったらチキンカツを丸形お弁当箱にピッチリ詰めれるの〜??(tさん)
★今日はカレー味いいですね♪わが家は主人のお弁当が減塩なので今度作ってみます！(Hさん)
★カレー味のチキンカツ！　とってもおいしそうですね。チキンカツ大好きです♡食べたいです♪梅干しも大きい(笑)。(sさん)
★チキンカツがお弁当の曲線にフィットしていますね。お見事！(Aさん)

① そのままでおいしいカレー味のチキンカツ

材料（1人分）

鶏胸肉・・・½枚（約150g）
パン粉・・・適量
バッター液
小麦粉・・・大さじ2
溶き卵・・・½個分
カレー粉・・・大さじ½
ウスターソース・・・大さじ½
水・・・大さじ½
砂糖・・・小さじ½
塩・・・ひとつまみ
こしょう・・・少々
揚げ油・・・適量

作り方

❶胸肉はフォークでプスプスと穴をあけ、好みの大きさで薄めのそぎ切りにする。
❷ボウルにバッター液を作り、胸肉を入れて10分ほど常温で漬け込んでおく。
❸パン粉をつけて180度に熱した油に入れ、きつね色になるまで揚げてしっかり油をきる。

＊フォークで穴をあけることで、やわらかくなる&味がなじみやすくなる。
＊砂糖を入れることで保水効果があり、胸肉でもしっとり。
＊薄くそぎ切りにするので、フライパンに少し多めの油を入れて揚げ焼きでもOK。

part4

体にもおさいふにもやさしい！

野菜を使いきる副菜

野菜をまるっと

余すことなく使いきれるレシピです

栄養のバランスとお弁当のいろどりに不可欠な副菜。「基本おかず」(p.36)で紹介したように、一年中安くて緑鮮やかなピーマンがお気に入りですが、にんじんやほうれん草、ブロッコリー、オクラ、スナップえんどう、ヤングコーンやゴーヤーも使いやすくてオススメ！　パパッと炒めるだけ、レンチンするだけなど手間なく簡単に作れるレシピを紹介します。

ただ、お弁当に詰める副菜は、ほんのちょっとなんですよね。一人暮らしの方など、野菜をいろいろ買うと使いきれない……という悩みもありますよね。だからここでは、にんじんを1本買ってきたら、「ナポリタン風」(p.81)、「きんぴらごぼう」(p.82)「あかり®炒め」(p.83)「焼肉のたれマヨ炒め」(p.83)と、1本をまるっと使いきれるよう、分量を工夫しました。お弁当2~3回分を作りおきしたり、夕ごはん用に多く作ったりと、やりやすい方法で作ってみてくださいね。

ちなみに、きんぴらごぼうは冷凍可能。小分けにしてラップで包んでフリーザーバッグに入れて冷凍室へ。1カ月以内に使いきります。また、ほうれん草やきのこは、生のまま冷凍しておくこともできます。きのこは、冷凍することで旨味がアップするともいわれています。

ほうれん草ときのこのバターしょうゆ完成！

冷凍のきのこがあればさらに便利

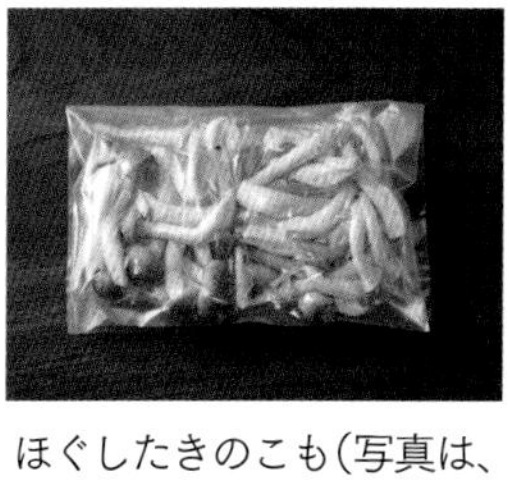

ほぐしたきのこも(写真は、しめじ)小分けにしてラップで包み、フリーザーバッグに入れて冷凍しておくと、副菜作りに便利です。

ほうれん草は生のまま冷凍可！

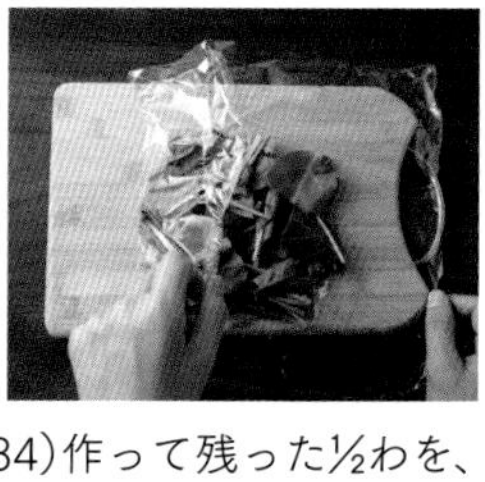

例えば、ごま和えを(p.84)作って残った½わを、洗って3～4㎝長さに切り、小分けにしてラップに包み、フリーザーバッグに入れて冷凍しておきます。こうしておけば、朝に「ほうれん草ときのこのバターしょうゆ」を作りたいと思ったら、冷凍のまま、きのこと炒めればOK。切る手間も省けて超簡単！

お弁当に入れるとパッと華やかになるにんじんは、積極的に取り入れたい食材のひとつ。食感と甘さを生かしたいので、ここでは炒めて作るレシピを４種ご紹介！

にんじん

1本
（200g）を
使いきり！

にんじんの
ナポリタン風

材料（2人分）

にんじん…30g
ピーマン…１個
サラダ油…小さじ１
トマトケチャップ…大さじ１
塩、こしょう…各少々
タバスコ®、粉チーズ、
パセリ…各お好みで

作り方

①にんじん、ピーマンは、細切りなど食べやすい大きさに切る。
②フライパンにサラダ油を中火で熱し、①を炒める。
③全体に油が回ったら、トマトケチャップを加えて炒め、塩、こしょうで味をととのえる。好みで、タバスコ®をふったり、粉チーズやパセリを散らしても。

1食分 約33円

1本
(200g)を
使いきり!

1食分
約22円

冷凍OK!

きんぴらごぼう

材料(作りやすい分量)

ごぼう…1本(約150g)
にんじん…½本(約100g)
ごま油…大さじ1
A
- 酒…大さじ1
- 砂糖…大さじ1
- みりん…大さじ1
- 和風だしの素(顆粒)…小さじ1

しょうゆ…大さじ2
白いりごま…適量

作り方

①ごぼうは洗って泥を落とす。斜め薄切りにしてから細切りにし、水にさらしてアクを取り、水けをきっておく。にんじんは細切りにする。
②熱したフライパンにごま油を入れ、①を加えて中火で炒める。
③しんなりしてきたらAを入れ、適度に汁けがとぶまで炒める。
④しょうゆを加えて、汁けがなくなるまでしっかり炒める。全体に照りが出てきたらいりごまをふり、でき上がり。

冷凍保存と解凍の方法

冷凍保存する場合は、1食分ずつラップで包んでフリーザーバッグに入れ、冷凍室へ。電子レンジ(600W)で解凍する場合は、ラップをしたまま1食分あたり30〜40秒加熱。加熱しすぎるとパサつく原因になるので注意。

ちくわにイン!

材料

ちくわ…4本
きんぴらごぼう…約50g
ごま油…小さじ1

作り方

①ちくわは縦に切り込みを入れて軽く開き、きんぴらごぼうを詰める。
②熱したフライパンにごま油を引き、①を入れて中火で焼き、ちくわに軽く焼き色をつけたら完成。

にんじんの
あかり® 炒め

材料（1人分）

にんじん…30g
バター…小さじ1
ピリ辛たらこふりかけ「あかり®」
…小さじ⅓〜½

作り方

❶にんじんは、細切りなど食べやすい大きさに切る。
❷フライパンにバターを中火で熱し、①を炒める。
❸全体に油が回ったら、あかり®を入れてさっと炒める。

＊あかり®（p.71）小さじ⅓でちょいピリ辛、小さじ½でしっかりピリ辛に。お好みでどうぞ。

1食分
約23円

にんじんの
焼き肉のたれマヨ炒め

材料（1人分）

にんじん…30g
ごま油…小さじ½
塩、こしょう…各少々
焼き肉のたれ…大さじ½
マヨネーズ…小さじ½
白すりごま…小さじ1

作り方

❶にんじんは、いちょう切りなど食べやすい大きさに切る。
❷フライパンにごま油を中火で熱し、①を加え、塩、こしょうをふり、炒める。
❸全体に油が回ったら火を弱める。焼き肉のたれとマヨネーズを加えてさっと炒めたら火を止め、仕上げにすりごまを入れる。

＊たれは焦げやすいので、必ず火を弱めてから入れる。

1食分
約17円

定番のごま和えはたっぷり作って、晩ごはんのおかずにしてもいいですね。少量を調理するときは電子レンジで加熱するか、そのまま炒めて賢く時短。

ほうれん草

1わ
(200g)を
使いきり!

1食分
約14円

ほうれん草の
ごま和え

材料(作りやすい分量)

ほうれん草…½わ(約100g)
塩…小さじ½

A
- しょうゆ…大さじ½
- ごま油…大さじ½
- 砂糖…小さじ1
- 白すりごま…大さじ1程度(お好みで)

作り方

1. ほうれん草は水洗いする。鍋またはフライパンにたっぷりの湯を沸かし、塩を入れる。
2. まずは茎の部分だけを入れて10秒ゆで、そのあとに葉の部分も入れて20秒ゆでる。ざるに上げ、冷水にとって、粗熱を取る。
3. 根元をそろえ、手でしっかりと水けを絞り、3～4㎝長さに切る。
4. ボウルに**A**をまぜ合わせ、③を入れて和える。

＊ゆですぎるとクタクタになるので、時間厳守でサッとゆでてください。
＊味がぼやける原因にもなるので、水けはしっかりと絞りましょう。
＊お弁当に入れたときに汁もれしにくくなるので、すりごまは多めがオススメ。
＊冷蔵保存の日持ちの目安は2～3日。

ほうれん草の
ウェイパー炒め

材料（1人分）

ほうれん草…１株(約40g)
ウェイパー(チューブタイプ)
…小さじ¼
ごま油…小さじ½
白いりごま…小さじ½

1食分
約16円

作り方

❶ほうれん草は３～４㎝長さに切る。ウェイパーは小さじ１程度のお湯で溶いておく。
❷フライパンにごま油を熱し、ほうれん草を炒める。
❸ほうれん草がしんなりしたらウェイパーを入れてさっと炒め、いりごまをふる。

ほうれん草と
きのこのバターしょうゆ

材料（1～2人分）

ほうれん草…１株(約40g)
きのこ(お好みのものでOK)
…約30g
バター…小さじ１
しょうゆ…小さじ½
塩、こしょう…各少々

1食分
約43円

作り方

❶ほうれん草は３～４㎝長さに切る。きのこは食べやすい大きさに切るか、手でほぐす。
❷フライパンにバターを熱し、きのこを炒める。
❸くたっとしてきたらほうれん草を入れて炒める。
❹しんなりしてきたらしょうゆを入れ、塩、こしょうで味をととのえる。

ほうれん草の
干しえびポン酢

材料（1人分）

ほうれん草…１株(約40g)
ポン酢…小さじ１
砂糖…ふたつまみ
干しえび…小さじ１強

1食分
約23円

作り方

❶ほうれん草は洗ってラップで包み、電子レンジ(600W)で30秒加熱する。
❷冷水にとり、水けをしっかり絞って３～４㎝の長さに切る。
❸ボウルに②を入れ、ポン酢、砂糖、干しえびを加えて和える。

1個まるまる使うときはゆでますが、小分けにして使うときはレンジで加熱します。水洗いしたブロッコリーを、ラップで包み、¼個につき電子レンジ（600W）で40秒加熱。かたいようなら10秒ずつ追加します。さらに炒める場合は、少しかために仕上げるのがオススメ。

ブロッコリー

1個
（茎を除く200g）
を使いきり！

ブロッコリーの
白だしチーズおかか

材料（1〜人分）

ゆでたブロッコリー
…¼個（約50g）

A
- 粉チーズ…小さじ1
- 白だし…小さじ½
- 削り節…ひとつまみ

1食分 約43円

作り方

ゆでたブロッコリーに**A**を和える。

ブロッコリーの しょうがしょうゆ炒め

材料（1人分）

ゆでたブロッコリー
…¼個(約50g)
ごま油…小さじ½
めんつゆ…小さじ1
しょうがチューブ…1㎝
白すりごま…小さじ1

1食分 約35円

作り方

①フライパンにごま油を熱し、ゆでたブロッコリーをさっと炒める。
②めんつゆとしょうがを合わせて溶き、①にかける。
③しょうがの香りがたったらすりごまを入れる。

ブロッコリーの ナンプラー和え

材料（1～2人分）

ゆでたブロッコリー
…¼個(約50g)
A［ごま油…小さじ½
　ナンプラー…小さじ¼

1食分 約32円

作り方

ボウルにゆでたブロッコリーを入れ、**A**を加えて和える。

＊ナンプラーは塩分が強いので、ごく少量で十分。時間とともにしっかりと味がなじみます。

ブロッコリーの わさびのりしょうゆ

材料（1人分）

ゆでたブロッコリー
…¼個(約50g)
しょうゆ…小さじ½弱
わさびチューブ…1㎝
もみのり…ひとつまみ

1食分 約39円

作り方

①しょうゆとわさびを合わせて溶く。
②ボウルにゆでたブロッコリーを入れ、①を加えて和え、もみのりを散らす。

安くておいしいオクラは、１パックまとめてゆでて白だしに漬けておけば、そのままおかずに使えるので忙しい朝にもラクちん。また、火を使わなくてもアレンジが楽しめるので、大活躍すること間違いなし！　この漬け汁のレシピを覚えれば、半熟卵や好きな野菜を何でも漬けられるので、とても便利です。

オクラ

1パック
（8～10本）
を使いきり！

2本
約19円

オクラの
白だし漬け

材料

オクラ…１パック（8～10本）
塩…小さじ½
白だし：水＝１：２の割合（好みで調整）

作り方

❶オクラはネットに入れたまま軽くこすり合わせ、表面の産毛を取りのぞく。茎が長い場合は切り落とし、ガクは取り除いておく。
❷沸騰した湯に塩を入れ、①を20秒程度ゆでる。
❸冷水にとり、粗熱が取れたら水けをしっかりきる。
❹保存容器に白だしと水を入れ、③を一晩以上漬ける。

＊漬け込む時間が長くなるにつれ辛くなるので、２～３日で食べきるのがベスト。
＊漬け込むことでやわらかくなるので、ゆですぎに注意。

食材をプラス！

d
おかか和え

材料

オクラの白だし漬け
…2本
削り節…ひとつまみ

作り方

オクラは食べやすい大きさに切り、削り節と和える。

1食分
約28円

c
ちくわ和え

材料

オクラの白だし漬け
…2本
ちくわ…⅓本
しょうがチューブ
…1㎝

作り方

オクラとちくわは食べやすい大きさに切り、しょうがと和える。

1食分
約24円

b
ごま和え

材料

オクラの白だし漬け
…2本
白すりごま…小さじ½

作り方

オクラを食べやすい大きさに切り、すりごまと和える。

1食分
約21円

a
干しえび和え

材料

オクラの白だし漬け
…2本
干しえび…ひとつまみ
（小さじ1程度）
ごま油…小さじ½

作り方

オクラを食べやすい大きさに切り、干しえび、ごま油と和える。

1食分
約28円

スナップえんどう

1パック（30本）を使いきり！

スナップえんどうは、筋を取って耐熱容器に入れ、4～5本に対して水小さじ1をふり、ラップをかける（少し隙間を開けておく）。電子レンジで加熱したら容器から取り出して、水分はきっておきましょう。

・炒め物用－電子レンジ（600W）で20秒
・和え物用－電子レンジ（600W）で30秒

a

スナップえんどうの ナンプラー炒め

材料（1～2人分）

スナップえんどう…4～5本
ごま油…小さじ½
ナンプラー…小さじ½

作り方

❶スナップえんどうは、電子レンジで加熱（炒め物用）し、中火で熱してごま油を入れたフライパンで軽く炒める。
❷ナンプラーをふり、さっと炒める。

c

スナップえんどうと 干しえびの塩和え

材料（1人分）

スナップえんどう…4～5本
A 干しえび…小さじ1
A ごま油…小さじ½
A 塩…ひとつまみ

作り方

❶スナップえんどうは、電子レンジで加熱（和え物用）してボウルに入れ、**A**を加えて和える。

b

スナップえんどうの 粒マスタード焼き

材料（1人分）

スナップえんどう…4～5本
A 粒マスタード…小さじ½
A みりん…小さじ½
A しょうゆ…2～3滴
サラダ油…小さじ½
塩…少々

作り方

❶**A**はまぜ合わせておく。
❷スナップえんどうは電子レンジで加熱（炒め物用）し、中火で熱してサラダ油を入れたフライパンで軽く炒め、塩をふる。
❸少し火を弱め、①を加えて全体にからませる。

d

スナップえんどうの
ごま和え

材料（1人分）

スナップえんどう…4～5本

A ［ めんつゆ…小さじ½
　 白すりごま…大さじ½

作り方

スナップえんどうは、電子レンジで加熱（和え物用）してボウルに入れ、**A**を加えて和える。

e

スナップえんどうの
しょうゆマヨおかか

材料（1人分）

スナップえんどう…4～5本

A ［ マヨネーズ…小さじ1
　 しょうゆ…小さじ½
　 削り節…ふたつまみ

作り方

①ボウルに**A**を合わせておく。

②スナップえんどうは、電子レンジで加熱（和え物用）し、①に加えて和える。

f

スナップえんどうの
コンソメバター

材料（1人分）

スナップえんどう…4～5本

コンソメ（顆粒）…小さじ¼

バター…小さじ½

ブラックペッパー…適宜

作り方

①スナップえんどうは電子レンジで加熱（炒め物用）したあと取り出し、耐熱容器に残った水分を捨てずにコンソメを入れて溶かしておく。

②フライパンを中火で熱し、スナップえんどうを入れてからバターをのせ、溶かしながら軽く炒める。

③溶かしておいたコンソメを②に加え、全体にからませ、好みでブラックペッパーをふる。

＊スナップえんどうの上にバターをのせてから炒めることで、少量のバターでも焦げにくくなる。

食感がよくて食べごたえもあるヤングコーンは水煮を使うことで時短！さっと炒めたり和えるだけで味がキマるので簡単に1品が完成。便利な食材は積極的に取り入れましょう。

ヤングコーン

水煮
1パック
（100g）を
使いきり！

1食分
約30円

ヤングコーンの
ピリッとラーポン

材料（1人分）

ヤングコーン（水煮）…3～4本
ごま油…小さじ½
塩、こしょう…各少々
A ポン酢…小さじ1
A 砂糖…ひとつまみ
A ラー油…数滴
白すりごま…小さじ1

作り方

1 ヤングコーンはそのまま、または食べやすい大きさに切り、中火で熱してごま油を入れたフライパンで軽く炒め、塩、こしょうをふる。
2 火を弱め、まぜ合わせておいたAを加え、からめる。
3 香ばしく焼けたら火を止め、すりごまをまぶす。

ヤングコーンの
オイマヨ焼き

材料（1人分）

ヤングコーン（水煮）…3～4本
サラダ油…小さじ½
オイスターソース…小さじ½
マヨネーズ…小さじ½
青のり…少々

作り方

1 ヤングコーンはそのまま、または食べやすい大きさに切り、中火で熱してサラダ油を入れたフライパンで軽く炒める。
2 火を弱め、まぜ合わせておいたオイスターソースとマヨネーズを加えてからめる。
3 火を止め、青のりをまぶす。

1食分
約32円

1食分
約36円

ヤングコーンの
塩おかか和え

材料（1人分）

ヤングコーン（水煮）…3～4本
サラダ油…小さじ½
塩…少々
削り節…ふたつまみ

作り方

1 ヤングコーンはそのまま、または食べやすい大きさに切り、ボウルに入れ、サラダ油をからませる。
2 塩、削り節を加え、和える。

苦いけど体にいいゴーヤーは、お弁当にも取り入れたい食材。私はあの苦味と食感が好きなので、常備菜としてもよく作ります。夏に立派なゴーヤーが手に入ったら、ぜひ作ってみてください。

ゴーヤー

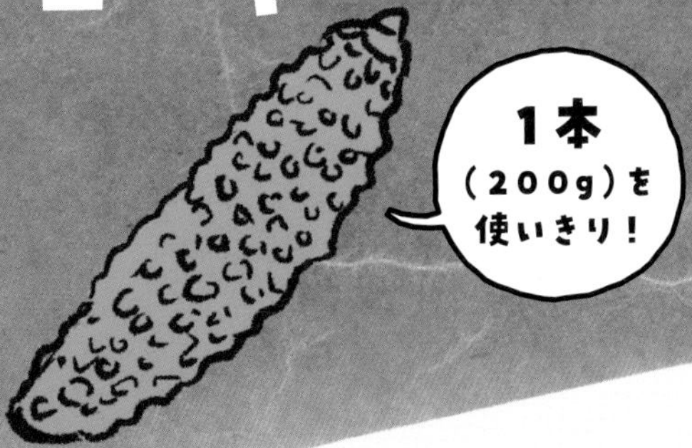
1本
(200g)を
使いきり！

ゴーヤーの しょうゆ漬け

1食分 約14円

材料（作りやすい分量）

ゴーヤー…¼本
塩…ふたつまみ
A
めんつゆ…大さじ2
しょうゆ…大さじ1
にんにく（薄切り）…⅓かけ分

作り方

①ゴーヤーは縦半分に切って種とワタを取り除き、薄切りにする。塩をもみ込み、10分ほど置く。
②①を軽く水で洗い流し、沸騰した湯で20秒ほどゆで、さっと水にさらして水分をしっかりときる。
③合わせた**A**に一晩以上漬け込む。

＊ゴーヤーの苦みと食感が好きな場合は、ゆでる工程を省いてOK。塩もみしたあと、軽く水で洗い流して水分をしっかりきり、そのまま漬け込む。

ゴーヤーの ピクルス

材料（作りやすい分量）

ゴーヤー…¼本
塩…ふたつまみ
ピクルス液
酢…大さじ3
砂糖…大さじ1と½
塩…ふたつまみ
赤唐辛子（輪切り）…⅓本分
ラー油…数滴

作り方

①ゴーヤーは縦半分に切って種とワタを取り除き、薄切りにする。塩をもみ込み、10分ほど置く。
②ピクルス液は耐熱容器に入れ、電子レンジ（600W）で20秒ほど加熱し、砂糖をある程度溶かしておく。
③①を軽く水で洗い流し、沸騰した湯で20秒ほどゆで、さっと水にさらして水分をしっかりときる。
④②に③を入れ、赤唐辛子とラー油を加え、一晩以上漬け込む。

＊ゴーヤーの苦みと食感が好きな場合は、ゆでる工程を省いてOK。塩もみしたあと、軽く水で洗い流して水分をしっかりきり、そのまま漬け込む。ゆでずに漬けると、ゴーヤーの色をきれいな緑色に保てます。

1食分 約14円

ゴーヤーの みそおかか

1食分 約16円

材料（作りやすい分量）

ゴーヤー…½本
A
めんつゆ…大さじ1
あわせみそ…大さじ½
砂糖…小さじ1
にんにくチューブ…約1cm
ごま油…大さじ½
削り節…ひとつかみ

作り方

①**A**はまぜ合わせておく。
②ゴーヤーは縦半分に切って種とワタを取り除き、薄切りにする。
③フライパンにごま油を中火で熱し、香りがたってきたら②を入れ、しんなりするまで炒める。
④①を加え、汁けがほとんどなくなるまで炒めたら、削り節を入れてさっとまぜ、火を止める。

＊ゴーヤーの苦みや食感が好きなら、炒めすぎずややかために仕上げる。
＊削り節はたっぷりがオススメ。お好みで。

納豆が好き

お弁当を作るようになってから、「ごはんはいつ炊いていますか?」という質問をよくいただくようになったのですが、一人暮らしの私のいつものサイクルとして、**寝る前に炊飯器のタイマーをセット**し、朝起きる時間に炊き上がるようにしています。あの炊きたてのいい香りが寝起きのボケボケの頭にいい刺激を与えてくれて、半分白目になりながらもそのにおいのほうへと向かうわけですよ。

そして、炊飯器のフタを開けてしゃもじでかきまぜ、いいにおいに鼻を広げながらお弁当用のごはんをボウルに入れて冷まします。

そして毎朝の日課でもある白湯を飲みながらお弁当作り開始!

もうあれだけごはんのいい香りを嗅いでるので、私の胃袋は朝もはよからせっせと働き、飯をくれと催促。そう、食いしんぼうの私は朝ごはんは食べる派! しかも**毎朝必ず納豆ごはん!!** 納豆とお米が大好物の私が愛してやまない納豆ごはんを朝から食べられる幸せ。そして、お弁当に入りきらなかった玉子焼きと一緒に食べるプチ贅沢。さらに余ったごはんは、冷凍しておけば晩ごはんにも使えるので便利! 晩ごはんも作るのが面倒くさいときは、家にあるものを納豆とまぜ、たっぷりのごはんにど〜んとのせれば見た目からも満足な立派な晩ごはんに。火も使わなくてもいろんなアレンジができたり、そのままでもおいしいし、コスパもいい納豆は、一人暮らしの晩ごはんの強い味方。

そんな私の大好きな納豆ごはんを紹介します。

ちなみに夏場はお米にお酢を入れて炊くと、防腐作用があるのでオススメ! **あかん…おなか減ってきた(笑)**

ここはやっぱり…

オススメの納豆専門店はコチラ!

納豆ご飯専門店
「※710(コメナナイチゼロ)」

自家製タレに400回手混ぜの究極納豆を豊富なトッピングと一緒に。贅沢納豆ごはんを楽しめるお店。
〒550-0004 大阪府大阪市西区靭本町1丁町13-4
☎ 070-1547-6586

納豆創作料理店
「夏豆(natsumame)」

名物「五味薬味で食べる納豆飯」は必食!
女性らしい納豆料理を堪能できるお店。
〒605-0811 京都府京都市東山区小松町561-17
☎ 075-600-2222

タコ納豆ごはん

ウインナー納豆ごはん

いくら納豆丼

part5

「ない!」ときのお助けアイデア

材料が一つしかなくても
あの調味料を使えば本格的なおかずの完成！

「冷蔵庫にこれしかない！」っていう日も大丈夫！
あると便利な調味料を使えば簡単♪ すぐに味つけが決まる
失敗知らずのおかずレシピを紹介します！

焼き肉のたれで トンテキ

おかず 約155円

材料（1人前）

豚ロース肉（トンカツ用）…１枚
塩、こしょう…各少々
小麦粉…適量
サラダ油…小さじ１
焼き肉のたれ…大さじ２

作り方

❶豚肉に塩、こしょうをふり、両面に小麦粉を薄くまぶす。
❷フライパンにサラダ油を中火で熱し、①を両面こんがりと焼く。
❸少し火を弱め、焼き肉のたれを入れてからませる。とろみがついたら完成。

鶏もも肉の ウェイパー焼き

おかず 約153円

材料（作りやすい分量）

鶏もも肉…１枚（約300g）
ウェイパー（ペーストタイプ）…大さじ½
サラダ油…少々
ブラックペッパー…適宜

作り方

❶鶏肉は食べやすい大きさに切り（皮は好みで取り除く）、ポリ袋に入れてウェイパーを加え、もみ込み、10分ほどなじませておく。
❷フライパンにサラダ油を中火で熱し、①を皮目から焼く。
❸こんがり焼き色がついたら上下を返し、フタをして少し火を弱め、中までしっかりと焼く。
❹裏面も焼き色がついたら完成。

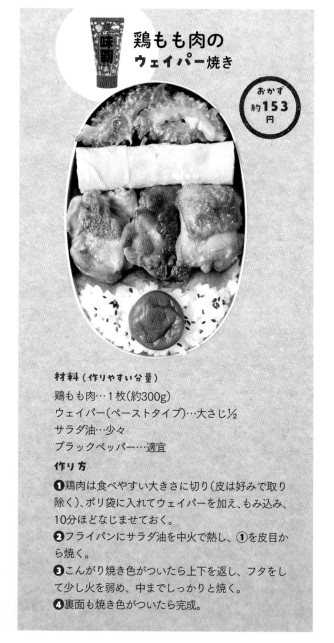

白だしで 豚肉の炒め物

1食分 約98円

材料（1人前）

豚肉(好みの部位)
…100g
ごま油…大さじ½
塩、こしょう…各少々
白だし…大さじ½

作り方

❶フライパンにごま油を中火で熱し、豚肉を炒め、塩、こしょうをふる。
❷火が通ったら白だしを入れ、さっと炒めて完成。

ポン酢で 焼き塩さば

1食分 約98円

材料（1人前）

塩さば…1切れ
サラダ油…少々
酒…大さじ1
ポン酢
…大さじ½

作り方

❶フライパンにサラダ油を中火で熱し、さばを皮目から焼いていく。
❷焼けたら上下を返して酒をふり、フタをして、少し火を弱めてじっくりと蒸し焼きにする。
❸仕上げにポン酢をかけてさっと焼いたら完成。

マヨネーズで 玉ねぎのおかか和え

1食分 約14円

材料（1人前）

玉ねぎ
…¼個(50g)
A マヨネーズ
…小さじ2
A 塩…ひとつまみ
A 削り節
…ふたつまみ

作り方

❶玉ねぎは薄切りにする。
❷①を耐熱容器に入れ、ラップをかけて電子レンジ(600W)で1分加熱。
❸**A**を加えてまぜ合わせ、完成。

オイソで エリンギ炒め

1食分 約49円

材料（1人前）

エリンギ…1本(50g)
ごま油…小さじ1
A オイスターソース
…小さじ1
A にんにくチューブ
…1㎝

作り方

❶エリンギは食べやすい大きさに切っておく。
❷フライパンにごま油を中火で熱し、①を炒める。
❸くたっとしてきたら、まぜ合わせておいた**A**を加え、さっと炒めて完成。

あかり®で ポテサラ

1食分 約31円

材料（1〜2人前）

じゃがいも
…1個(100g)
バター…小さじ1
あかり®
…小さじ½

作り方

❶じゃがいもは1〜2㎝の角切りにし、耐熱容器に入れてラップをかけて電子レンジ(600W)で1分30秒加熱する。足りなければ様子をみて10秒ずつ追加する。
❷すぐにバターとあかり®を入れ、フォークなどで軽くつぶしながらまぜ合わせる。

めんつゆで アスパラの焼き浸し

1食分 約45円

材料（1人前）

グリーンアスパラガス
…細め3本(40g)
ごま油…小さじ1
めんつゆ(4倍濃縮)
…小さじ1
削り節…ふたつまみ

作り方

❶グリーンアスパラガスは3〜4㎝長さに切る。
❷フライパンにごま油を中火で熱し、①をこんがり焼く。
❸②を器に入れ、めんつゆと削り節で和える。

時間も材料もないときは 缶詰に頼ろう！

さすがに今日はお弁当無理かな〜と思っても、
台所を探してみると出てきませんか、缶詰が！
品目が少なくてバランスのいいお弁当が作れないときは、
さばやいわし缶の健康効果を味方につける手もありますよ。

さばの缶詰

骨まで食べられるさば缶は、栄養満点で体にいいと大人気。お弁当に使わないなんてもったいない！　煮汁にも旨味が詰まっているので一緒に使うのがオススメ！

1食分
約162円

さば缶の きざみ高菜和え

材料（1人前）

さばの缶詰(しょうゆ味)…正味100g
缶汁…小さじ2
刻んだ高菜漬け…大さじ2
ラー油…適量

作り方

さばはボウルに入れて大きめにほぐし、缶汁と高菜、ラー油を加えてざっくりまぜ合わせる。

やきとりの缶詰

甘辛てりてりのたれがたくさん入ったやきとり缶は、ほかの食材をプラスしてもたれがからんで味つけいらず。塩、こしょうでととのえるだけでOKです。

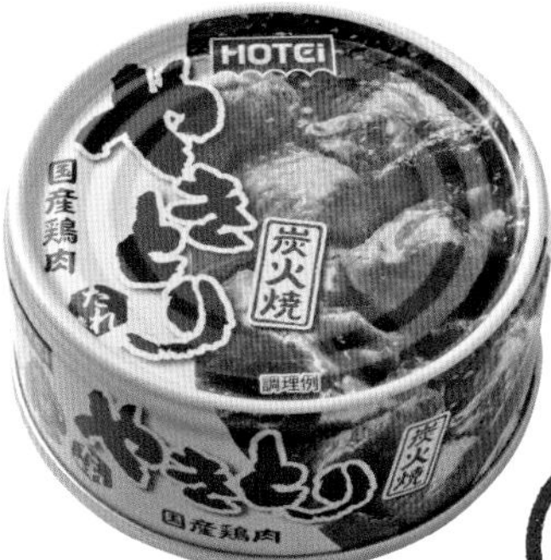

1食分
約148円

やきとり缶とキャベツの ペッパー和え

材料（1人前）

やきとりの缶詰…90g
キャベツ…50g
ブラックペッパー…少々
塩…適宜

作り方

❶キャベツはざく切りにし、耐熱容器に入れ、ラップをかけて電子レンジ(600W)で40秒加熱する。さっと水にくぐらせ、しっかり水けをきる。
❷ボウルに①とやきとりを入れてざっくりとまぜ、ブラックペッパーをふる。味が薄いようなら塩でととのえる。

いわしの缶詰（しょうゆ味）

いわし缶も最近ちょっとブームですよね。切らなくてもちょうどいいサイズだし、味つけもしっかりしてるので、そのままのせるだけでOK。

みそ煮も！

1食分
約156円

ジャーン！
いわし缶のっけ弁当

ごはんの上に炒り卵を敷き、
いわし缶（しょうゆ味）をのせるだけ。
好みで大葉、ねぎ、白ごまなどを添えても。

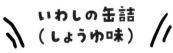

気力がないときは
レトルト惣菜を主役にして手抜きのススメ

最近の缶詰といいレトルトパウチの惣菜といいクオリティ高すぎ！
使わないなんてもったいないです。ときには市販品を賢く使って
ほどよく手を抜く日も必要だと思います！

甘酢肉団子弁当

日本ハムさんの「炸肉丸子」が主役のお弁当。

おかず
約167円

コスパよく、湯煎するだけで本格的な肉団子が楽しめるのでお気に入り。酢が入ってるので夏場でも傷みにくく、一年中使える商品です。並べて詰めるとあらかわいい♡

豚角煮弁当

セブンプレミアムさんの「豚角煮」が主役のお弁当。

おかず
約321円

値は張りますが……お店で食べるのに劣らない、ホロッホロの角煮です！　最初に食べたときは、あまりのおいしさに感動しました(笑)。手抜きなのに本格的なお弁当を楽しみたい人にオススメ。

ハンバーグ弁当

マルシンフーズさんの
「マルシンハンバーグ」が
主役のお弁当。

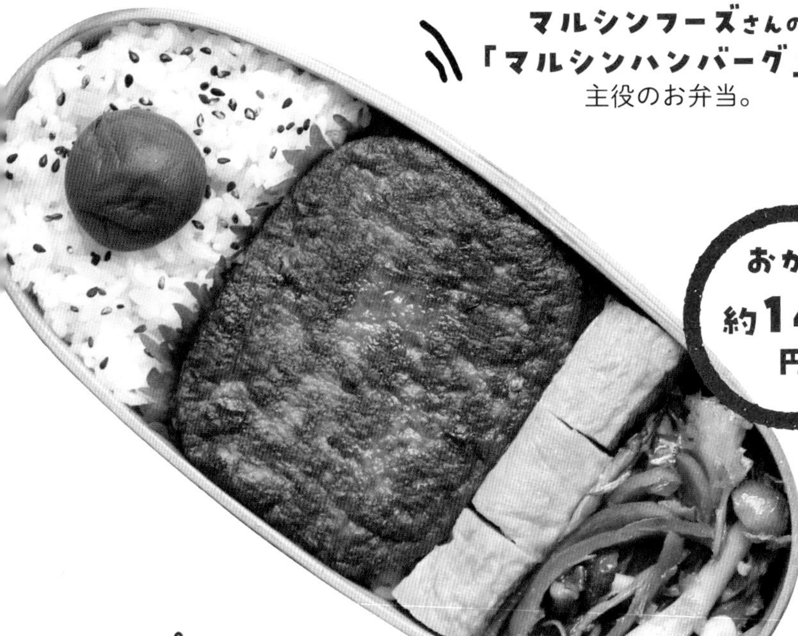

おかず
約143円

昔から変わらない味がホッとします。とにかくコスパがよすぎる！　汁けがなく、かたさもしっかりしているのでお弁当に詰めやすいのも魅力です。かくれんぼおかず弁当にも大活躍。

焼豚弁当

日本ハムさんの「もう切ってますよ！焼豚」が主役のお弁当。

おかず
約181円

封を開ければ、あとはお弁当に詰めるだけの画期的な商品。「今日は、切る元気もない！」というときにオススメ（笑）。味つけもしっかりしているので、ごはんとの相性も抜群です。

お金がないときのメインは ちくわ、カニカマの練り物でキマリ！

安くて食べごたえのあるちくわとカニカマは、おさいふの中身がさみしいときの救世主。そのまま食べられる食品なので、時間がないときはお弁当にそのまま入れてしまってもいいわけです。まさに困ったときのちくわとカニカマ！　コンビニでも買えますよ。

ちくわの蒲焼

1食分
約34円

材料（1人前）

ちくわ…2本

A［酒、みりん、砂糖、しょうゆ…各大さじ½
　オイスターソース…小さじ½

小麦粉…小さじ½

サラダ油…小さじ1

作り方

❶ちくわは食べやすい大きさに切る。Aはまぜ合わせておく。

❷ポリ袋にちくわと小麦粉を入れてふり、まぶす。

❸フライパンにサラダ油を中火で熱し、ちくわに焼き色をつける。

❹弱火にし、Aを入れてからませる。照りが出たら完成。

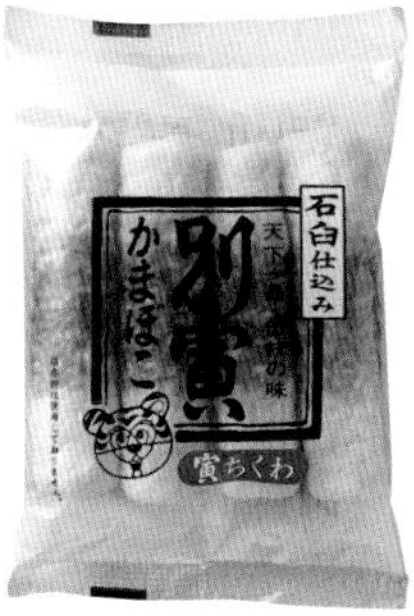

中学生のころ、母が作ってくれたお弁当によく入っていた「ちくわの蒲焼き」。うなぎよりも食べごたえがあり、こってりした味つけでごはんによく合うおかずです。ぜひ、お試しあれ。

ちくわと卵のソースマヨ炒め

1食分
約26円

材料（1人前）

ちくわ…1本

卵…1個

塩、こしょう(卵用)…各少々

A［マヨネーズ…小さじ2
　ウスターソース…小さじ1

サラダ油…小さじ½

ごま油…小さじ½

塩、こしょう(ちくわ用)…各少々

作り方

❶ちくわは食べやすい大きさに切る。卵はボウルに割り入れ、塩、こしょうを入れてまぜる。Aはまぜ合わせておく。

❷フライパンにサラダ油を中火で熱して卵液を流し入れ、半熟になったらいったん取り出す。

❸ごま油を入れてちくわを炒め、塩こしょうをする。

❹②を戻し入れ、Aを入れてざっくりとからませたら完成。

おかず
約88円

コスパ最強！ いろどりもよくて香りもいいカニカマは、私の中で「蟹」です(笑)。炒めても焼いても揚げてもおいしいカニカマは、日持ちもするので冷蔵庫にあると大活躍しますよ！

カニカマの唐揚げ

材料（1人前）

カニカマ…5本
マヨネーズ…大さじ½
水…大さじ½
小麦粉…小さじ2
サラダ油…適量
ブラックペッパー…適宜

1食分
約47円

作り方

❶ボウルにマヨネーズ、水、小麦粉をまぜ合わせ、カニカマを入れてまぶす。
❷フライパン(卵焼き器がオススメ)に少し多めのサラダ油を熱し、カニカマをこんがりと揚げ焼きにする。仕上げにお好みでブラックペッパーをふる。

カニカマのチヂミ

材料（1人前）

カニカマ…5本
大葉…2枚
A
- 小麦粉…大さじ2と½
- 水…大さじ2
- めんつゆ（4倍濃縮）…小さじ½
- 塩…少々

ごま油…大さじ½

1食分
約63円

作り方

❶カニカマは手でほぐし、大葉は細かく刻み、ボウルに入れてAとまぜ合わせる。
❷フライパンにごま油を中火で熱し、①を流し入れて薄くのばす。
❸しっかり焼き色がついたら上下を返し、ターナーなどで少し押さえながら焼く。
❹裏面もしっかり焼き色がついたら完成。

＊カリッとなるまでしっかり焼き色をつけるのがおいしさの秘訣。

メインの材料がないときは ゴチャーハンor焼きそばはいかが？

「ゴチャーハン」とは、冷蔵庫の中の余り食材を何でもゴチャゴチャに入れたチャーハンのことです。ウインナーソーセージはチャーハンにまぜず、あとのせがおぺこ流。困ったときは、焼きそばをおかずにするという荒技もありますよ。

ゴチャーハン

材料（たっぷり1人前）

ごはん…茶わん１杯強(約220g)
溶き卵…１個分
ウェイパー…小さじ１
好みの具材いろいろ
…40〜50g
サラダ油…少々
ごま油…大さじ½
塩、こしょう…少々
しょうゆ…小さじ１

＊おすすめの具材…玉ねぎ、れんこん、グリーンアスパラガス、ピーマン、じゃがいも、ちくわ、干しえび、にんじんなど

作り方

❶ごはんに半量の溶き卵、ウェイパーを入れてまぜ合わせる。具材はそれぞれ刻む。
❷フライパンにサラダ油を中火で熱し、残りの溶き卵を入れ、半熟状になったらいったん取り出す。
❸同じフライパンにごま油を熱し、具材を入れて塩、こしょうで炒め、油がなじんだらごはんを入れてパラパラになるまで炒める。
❹②を戻し入れ、さらに炒めてしょうゆを鍋肌から入れて香りを出し、全体にからませたら完成。

焼きそば弁当

炭水化物×炭水化物の組み合わせは、意見が分かれる組み合わせの代表……。「焼きそばをおかずにごはん」は「あり」か「なし」か？　わたしはもちろん、「あり」でございます！

ゴチャーハン弁当　その1

具材は、ちくわ、じゃがいも、ニラのにんにくしょうゆ漬けを入れました♪　オクラのハーブソルト和えとウインナーソーセージはあとのせ。

ごはん以外 約69円

ゴチャーハン弁当　その2

具材は、ピーマン、にんじん、玉ねぎ、ちくわ。冷蔵庫にある半端食材は何でも入れちゃいます。

ごはん以外 約96円

明太子チャーハン弁当　番外編

いただきものの辛子明太子と細ねぎ、ウインナーソーセージを入れたチャーハン。好物の明太子とウインナーが入った贅沢バージョンです。

ごはん以外 約98円

翌朝時間がないとわかっているときは晩ごはんをとりおき！

「明日は朝早いからお弁当作れなさそう」とか「起きる自信ナシ！」とわかっているときは、
晩ごはんのおかずをお弁当向きのものにしちゃいましょう。
冷めてもおいしい、汁けの少ないものが◎。

鶏もも肉のコチュジャン焼き

材料（2人前）

鶏もも肉
…1枚(約350g)
塩、こしょう…各少々
片栗粉…適量

A
- コチュジャン…大さじ1
- めんつゆ（4倍濃縮）…大さじ1
- 酒…大さじ½
- ごま油…大さじ½
- 砂糖…小さじ½
- にんにくチューブ…約2㎝

サラダ油…適量
白いりごま…適宜
細ねぎ(刻む)…適宜

作り方

❶鶏肉は食べやすい大きさに切り、塩、こしょうをふり、片栗粉をまぶす。**A**はまぜ合わせておく。
❷フライパンにサラダ油を中火で熱し、鶏肉を皮目から焼いていく。こんがり焼き色がついたら上下を返し、フタをして火を少し弱める。
❸中までしっかり火が通ったらフタを取り、フライパンの余分な脂をふき取る。
❹再び中火にして、**A**を入れる。焦げないようにフライパンを揺らしながら煮詰め、鶏肉とからめる。汁けが少なくなり、照りが出たら火を止める。
❺お皿に盛り、好みでいりごまとねぎを散らして完成。

おかず
約184円

おかず
約136円

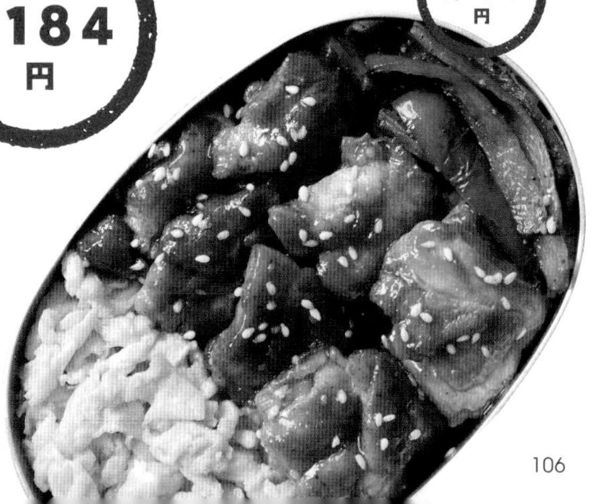

豚肉とブロッコリーのカレーマヨ炒め

材料（2人前）

豚薄切り肉…200g
ブロッコリー…１個
塩(ブロッコリー用)
　…ひとつまみ
サラダ油…適量
塩、こしょう…少々

A
- マヨネーズ
　…大さじ３
- ウスターソース
　…大さじ１
- カレー粉
　…小さじ２～
- 砂糖…小さじ１
- にんにくすりおろし
　…１かけ分

作り方

❶ブロッコリーは小房に切り分けてよく洗い、水けをきらずに耐熱容器に重ならないように並べ、塩をまぶす。

❷①にふんわりとラップをかけて電子レンジ(600W)で約３分加熱する。足りなかったら10秒ずつ追加し、やわらかくなったらざるに上げる。

❸フライパンに少量の油を中火で熱し、豚肉を炒め、塩、こしょうをふる。

❹豚肉に火が通ったら、②と合わせておいた**A**を入れ、全体にからませる。

私のお弁当論

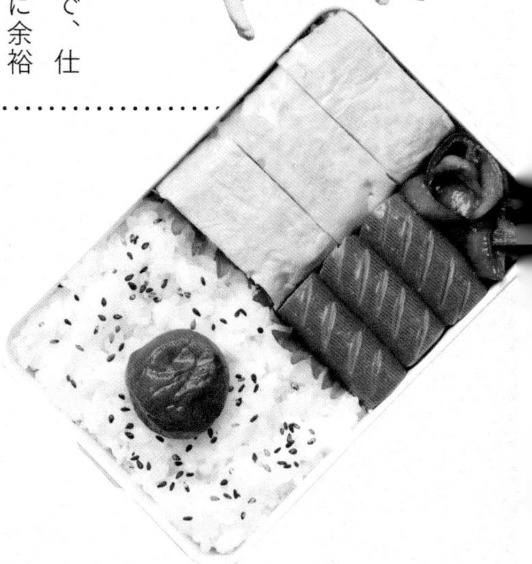

私もいちおう人間ですので、仕事が忙しかったり、気持ちに余裕がなかったりするときはイライラしてしまうこともありますが、車内で**お弁当を食べるあの時間はやっぱりほっこりします。**

車内ではレンジもなければテーブルもないので、自分の膝の上にお弁当箱をのせ、自分で作ったお弁当なので中身はわかっていますが、やっぱりあのフタを開ける瞬間はわくわくしますね(笑)。そして、ほんのり冷たいままのお弁当を食べながら、スタッフ同士で話をしたり、それぞれ自由な時間を過ごしたり。

外で食べるお弁当の楽しみは、**「風景を見ながら食べられる」こと。**それは、桜だったり紅葉だったり、雲の流れだったり大雨だったり。そして幼稚園児たちのお散歩だったり、忙しそうに電話をかけるサラリーマンだったり、カップルが本気で喧嘩してたり(笑)。車内でお弁当を食べるって多少不便なところもあるけど、いろいろなアイデアや風景を見て、いろんなことを想像しながら、楽しめる空間を作っています。

ちなみに私の持っているお弁当箱に1段が多いのは、膝の上でも食べやすいから。私のレシピはシンプルな材料と作り方で余白を残しておき、あとはそれぞれ自分の手を加えてアレンジしたりして楽しんでもらえるように考えています！

余白があると不安だったり失敗が怖かったりするかもしれませんが、**お弁当作りに正解なんてない**し、「こういうふうに作らなあかん」という強制もありません。一人一人が自分に合った自分だけのお弁当を作ってほしい。まさに**「不完全を楽しむ精神」**だと思います。

この本に出てくる「ゴチャーハン」なんて、家にある好きな食材何でもごちゃごちゃ入れるので、まったく同じものなんて完成しない。もしかしたら複雑な味になるかもしれない(笑)。でも奇跡的な味わったことのないおいしさが生まれるかも！　という可能性もあります。で、最終的に自分がＯＫならＯＫ！　それがいちばんやと私は思います。毎日作るものだから背伸びしないお手軽弁当。これからも一緒にお弁当作りを楽しみましょう。

材料別・レシピINDEX

鶏肉

豚肉

ひき肉

ウインナーソーセージ

塩鮭

乾物類

漬物

練り物

制作スタッフ
[撮影]　津久井珠美、おぺこ
[イラスト]　髙栁浩太郎
[デザイン]　太田玄絵
[編集長]　山口康夫
[編集]　見上愛

おぺこさんの毎日わくわく弁当

2020年3月21日　初版第1刷発行

[著者]　おぺこ
[発行人]　山口康夫
[発行]　株式会社エムディエヌコーポレーション
〒101-0051　東京都千代田区神田神保町一丁目105番地
https://books.MdN.co.jp/
[発売]　株式会社インプレス
〒101-0051　東京都千代田区神田神保町一丁目105番地
[印刷・製本]　シナノ書籍印刷株式会社

Printed in Japan

【カスタマーセンター】
造本には万全を期しておりますが、万一、落丁・乱丁などがございましたら、送料小社負担にてお取り替えいたします。お手数ですが、カスタマーセンターまでご返送ください。

落丁・乱丁本などのご返送先
〒101-0051　東京都千代田区神田神保町一丁目105番地
株式会社エムディエヌコーポレーション カスタマーセンター
TEL：03-4334-2915

内容に関するお問い合わせ先
info@MdN.co.jp

書店・販売店のご注文受付
株式会社インプレス　受注センター
TEL：048-449-8040／FAX：048-449-8041

ISBN 978-4-8443-6980-6　C0077

おぺこ

2016年より、日々のお弁当をInstagramに投稿。「毎日作るものだから背伸びしないお手軽弁当」をモットーにしたお弁当スタイルが多くの人の共感を呼んでいる。また、料理投稿・検索サービス「クックパッド」にも数多くのレシピを紹介し、親しまれている。介護士であり、お弁当・納豆探究家。好きなお弁当のおかずは、ウインナーと唐揚げと卵焼き。相棒のサスケに見守られながら、日々料理、お弁当作りに励んでいる。

サスケ

キジシロ(♂) 6歳。 内弁慶なツンデレ。好物はちゅーるとしっとりゆでた鶏ささ身。パサパサだと食べてくれない、なかなかのグルメ男。